The Power of Bigfather Effects

자녀의 성장을 이끄는 아버지의 힘

빅파더

아버지의 영향력

이민구 지음

대경북스

아버지의 영향력, 빅파더

1판 1쇄 인쇄 2025년 4월 18일
1판 1쇄 발행 2025년 4월 22일

지은이 이민구

발행인 김영대
펴낸 곳 대경북스
등록번호 제 1-1003호
주소 서울시 강동구 천중로42길 45(길동 379-15) 2F
전화 (02)485-1988, 485-2586~87
팩스 (02)485-1488
홈페이지 http://www.dkbooks.co.kr
e-mail dkbookss@naver.com

ISBN 979-11-7168-096-2 03370

※ 이 책은 저작권법에 따라 보호받는 저작물이므로 무단전재와 무단복제를 금지하며,
  이 책 내용의 전부 또는 일부를 이용하려면 반드시 저작권자와 대경북스의 서면 동의를 받아야 합니다.
※ 잘못된 책은 구입하신 서점에서 바꾸어 드립니다.
※ 책값은 뒤표지에 있습니다.

프롤로그

"학업 스트레스로 지쳐가던 나에게 토끼풀 반지를 선물한 아빠는 최고의 로맨티스트였다."

토끼풀 반지를 건네며 "공부하느라 힘들지?"라고 말했을 때, 딸아이의 눈빛은 반짝였습니다. 그 반짝임 속에서 나는 거창한 선물이 아닌, 소박한 마음이 주는 위로의 힘을 느낄 수 있었습니다.

세상에는 두 종류의 아버지가 있습니다. 단순히 가족을 부양하는 '존재하는 아버지'와 자녀의 삶에 깊이 관여하는 '함께하는 아버지'. 저도 오랫동안 전자에 가까웠습니다. 하지만 10여 년 전 딸과 함께 《공부가 즐겁다, 아빠가 좋다》라는 책을 쓰면서, 미처 깨닫지 못했던 아버지의 영향력을 발견하게 되었습니다.

딸과 함께 쓴 책을 통해 아버지인 내가 한 행동이 딸에게 어떤 영향을 미쳤는지를 깨닫게 되면서 아버지의 역할이 얼마나 중요한지를 알게 되었습니다. 무심코 던진 말 한마디, 작은 행동 하나가 딸의 삶에 깊은 족적을 남겼다는 사실에 놀라움과 동시에 책임감을 느꼈습니다.

지난 10여 년간 아버지 교육 현장에서 만난 수많은 아버지들의 이야기를 통해, 저는 한 가지 진실을 발견했습니다. 아버지가 변하면 가정이 변하고, 가정이 변하면 사회가 변합니다. 이 책은 그런 변화의 시작점이 되기를 바라는 마음에서 쓰게 되었습니다.

어떤 아버지는 사춘기 자녀와의 단절된 관계를 회복하기 위해 일주일에 한 번씩 함께 요리하는 시간을 가졌습니다. 또 어떤 아버지는 매일 밤 10분간 자녀의 이야기를 경청하는 '10분 대화'를 실천했습니다. 겉으로 보기에는 작은 변화였지만, 그 결과는 놀라웠습니다. 대화가 끊겼던 가정에 소통의 물꼬가 트이고, 갈등으로 가득했던 관계가 신뢰와 존중으로 변화하는 모습을 지켜보았습니다.

이 책은 세 가지 핵심 요소로 구성되어 있습니다.
첫째, '아빠효과'라는 이름으로 자녀의 성장과 발달에 아버지가 미치는 독특한 영향력을 살펴봅니다. 둘째, '동상이몽 성격유형'을 통해 서로 다른 언어로 소통하는 부모와 자녀 사이의 간극을 좁히는 방법을 제시합니다. 마지막으로, '질문 디자인'이라는 개념을 통해 자녀의 사고력과 자기주도성을 키울 수 있는 대화법을 소개합니다.

많은 아버지들이 "어떻게 해야 좋은 아버지가 될 수 있을까?"라는 질문으로 고민합니다. 우리는 종종 자녀를 키우는 법을 배운 적이 없다고 말합니다. 하지만 우리 모두는 한 가지 경험을 통해 아버지의 역할을 배웠습니다. 바로 우리의 아버지를 통해서 말입니다. 좋든 나쁘든, 그 경험이 우리의 아버지상을 형성했고, 지금의 우리가 자녀를 대하는 방식에 깊은 영향을 미치고 있습니다.

이 책의 제목인 '빅파더'는 단순히 훌륭한 아버지가 되자는 의미를 넘어, 아버지의 '영향력'에 주목합니다. 우리의 작은 변화가 자녀의 인생에 얼마나 큰 변화를 가져올 수 있는지, 그 놀라운 가능성에 대한 이야기입니다. 우리는 흔히 '아버지의 부재'를 이야기하지만, 진정한 문제는 아버지의 육체적 부재가 아닌 정서적, 심리적 부재일지도 모릅니다. 물리적으로 같은 공간에 있지만 마음은 멀리 떨어져 있는 상태, 그것이 오늘날 많은 가정이 겪고 있는 아픔일 것입니다.

이 책이 여러분의 여정에 작은 길잡이가 되기를 바랍니다. 완벽한 아버지가 되는 것이 목표가 아닙니다. 성장하는 아버지, 배우는 아버지, 자녀와 함께 변화하는 아버지가 되는 것, 그것이 우리의 목표입니다.

이 책이 세상에 나오도록 기회를 주신 대경북스 김영대 대표님, 사랑하는 나의 가족에게 진심으로 감사와 사랑을 전합니다.

자, 이제 함께 '빅파더'의 여정을 시작해 보겠습니다.

추천의 글

이재원
(딸, 한의사, 《공부가 즐겁다. 아빠가 좋다》 공저자)

아버지의 영향력은 한 사람의 삶에 얼마나 큰 울림을 주는지, 저는 그 축복을 몸소 경험한 딸로서 이 책을 진심으로 추천합니다.

제 인생을 돌아보면, 아버지의 존재는 늘 저의 등불이었습니다. 어린 시절부터 지금까지, 아버지는 저에게 단순한 보호자가 아닌 친구이자 멘토였습니다. 고등학교 시절, 학업과 입시 스트레스로 지쳐있을 때 양재천 풀밭에서 아버지가 손수 만들어 주셨던 토끼풀 반지는 어떤 값비싼 선물보다 제 마음에 깊은 위로와 응원이 되었습니다. 그 작은 행동이 담고 있는 아버지의 마음은 "너의 노력을 알아, 힘들지? 아빠가 여기 있어."라는 무언의 메시지였고, 그것은 제게 다시 일어설 힘을 주었습니다.

우리 집 식탁에는 항상 아버지의 사랑이 담긴 음식이 올랐습니다. 철판볶음밥을 위해 식당에서 철판을 구해오시고, 엄마 몰래 양파스프를 끓여주시던 그 시간들, 소고기무국과 전복죽, 등갈비찜으로 제 지친 마음을 달래주셨던 아버지의 '힐링 푸드'는 단순한 음식이 아닌 정서적 안식처였습니다. 그 경험들이 저를 조금 더 따뜻하고 단단한 사람으로 자라게 하지 않았나 생각합니다.

아버지는 제게 결과보다 과정을, 성적보다 성장을 중요시하라고 가르치셨습니다. 외국어고 입시에 실패하고 제가 스스로 기숙학원에 가겠다고 결정했을 때, 아버지는 "너를 믿는다."라는 말로 저를 지지해주셨습니다. 대치동에서 수학 선행학습 문제로 학원을 그만두고 집에서 혼자 공부하겠다고 했을 때도 아버지는 제 결정을 존중해주셨습니다. 이러한 아버지의 믿음은 제가 스스로를 가치 있는 사람으로 여기는 토대가 되었고, 자기주도적으로 삶의 방향을 결정하는 데 큰 영향을 미쳤습니다.

때로는 "건강하게 잘 자라줘서 고맙다."라는 아버지의 감사 표현이 제게 얼마나 큰 감동이었는지 모릅니다. 어른이 아이에게 감사를 표현하는 것, 특히 아버지가 딸에게 감사를 표현하는 것은 놀라운 힘을 갖습니다. 저는 그 말에서 존중받는다는 느낌을 받았고, 그것은 점차 책임감으로 발전했습니다.

이 책에는 자녀의 마음을 열고, 잠재력을 일깨우는 아버지의 지혜가 담겨 있습니다. 저자는 단순한 이론이 아닌, 실제 부녀 관계에서 검증된 소통 방식과 질문법, 성격 유형별 접근법을 제시합니다. 특히 '질문 디자인'은 아이의 사고력을 키우고 미래를 바꾸는 강력한 도구임을 저는 삶의 경험을 통해 확신합니다. 아버지의 질문은 제가 스스로 생각하고, 결정하며, 성장할 수 있는 내적 나침반을 형성하는 데 결정적인 역할을 했습니다.

10여 년 전 아버지와 함께 《공부가 즐겁다. 아빠가 좋다》라는 책을 쓰면서, 저는 그때까지의 경험을 정리할 수 있었습니다. 그리고 이제 성인이 되어 한의사로 활동하며, 저는 아버지의 영향력이 얼마나 깊고 장기적인지 더욱 분명히 깨닫고 있습니다. "아빠가 내 아빠라서 너무 감사하고 좋아요."라는 제 말은 단순한 감상이 아닌, 평생의 경험에서 우러나온 진심입니다.

모든 부모님께 이 책이 소중한 안내서가 되기를 진심으로 바랍니다. 우리 아이들이 사회의 빛나는 일원으로, 삶의 아름다움을 온전히 느끼는 건강한 인격체로 성장하는 것은 모든 부모의 간절한 소망일 것입니다. 당장 눈앞의 성과가 보이지 않더라도, 아이를 믿고 인내하는 부모의 내리사랑은 언젠가 반드시 '치사랑'으로 되돌아옵니다.

오늘도 세상 어딘가에서 묵묵히 가족을 위해 헌신하고 계신 모든 아버지들께 이 책이 작은 위로와 큰 용기가 되기를 소망합니다. 같이 산책하며 토끼풀 반지를 만들어주고, 사랑을 담아 만든 따뜻한 음식을 함께 나누고, 필요할 때 든든한 버팀목이 되어주는 것. 그것이 바로 아이들이 원하고, 평생 기억하는 아버지의 모습입니다. 이 책을 통해 더 많은 아버지들이 그 소중한 순간들을 만들어가길 진심으로 응원합니다.

마지막으로 나의 슈퍼맨 우리아빠! 아빠 딸로 태어나서 행복하고 감사합니다. 아빠 사랑해요!

차 례

프롤로그_ 3
추천의 글_6

제1부 아빠효과, 자녀의 성장을 이끄는 아버지의 힘

제1장 아버지의 존재, 자녀의 미래가 달라진다 _17

　　아버지의 사명과 역할 _18
　　아버지가 변하면 아이가 달라진다 _22
　　아빠효과, 엄마의 역할이 중요하다 _25
　　존경받는 아버지가 되는 4가지 방법 _29
　　아버지의 행동이 자녀의 삶이 되는 이유 _34
　　생일의 재발견, 미역국을 끓이는 아버지 _39
　　아버지와의 화해에서 시작하는 세대 간 치유 _44

제2장 공감과 소통으로 키우는 자녀의 잠재력 _49

　　말 한마디가 바꾸는 아이의 미래 _50
　　아빠의 '고마워'라는 표현이 갖는 말의 효과 _57

때로는 말없이 안아주세요 _61
　　　공감형 대화, 아이의 가능성을 여는 열쇠 _65
　　　감정코칭 프로세스로 진행하는 부모-자녀 대화 _74

제3장 자기주도적 학습을 위한 아빠의 지혜 _79
　　　통제를 멈추면 통제가 된다 _80
　　　내적 학습 동기를 키우는 현명한 부모의 접근법 _85
　　　공부는 정서라는 바다에 띄운 인지라는 배가 항해하는 것 _93
　　　학습동기, 지치지 않는 공부 비결 _98
　　　자기성찰지능: 아이의 숨겨진 학습 동력 _103
　　　아이의 자기결정성을 키우는 마법, 부모의 현명한 질문 _111

제2부 다름의 심리학, 아이의 언어로 말하기

제1장 동상이몽 성격유형 이해 _121
　　　아이의 기질, 그 숨겨진 태그를 읽어주세요 _122
　　　동상이몽 성격유형, 가족 관계의 새로운 언어 _126
　　　우리 가족은 어떤 유형일까?(자가진단 테스트) _131
　　　부모의 성격이 아이에게 미치는 영향 _140

제2장 자녀 성격유형별 대화법 및 코칭 _147
　　　성격유형별 대화법: 내 아이에게 맞는 소통 방식 _148

성격유형별 자녀 사용 설명서 _155
정서 코칭: 아이의 감정을 이해하고 소통하기 _160
학습 코칭: 성격에 맞는 공부 방법 찾기 _166
관계 코칭: 사회성을 기르는 방법 _172

제3장 갈등을 해결하고 친구같은 아빠되기 _179
친구같은 아빠가 되는 갈등 해결 솔루션 _180
부부의 성격 차이가 육아에 미치는 영향 _202
성격유형별 부부 갈등 양상 및 해결 방법 _205

제3부 아이를 성장시키는 마법의 힘, 질문 디자인

제1장 좋은 질문이 아이를 키운다 _213
왜 '질문'이 중요한가? _214
아이들은 질문을 먹고 자란다 _217
질문이 사고력의 근육을 만든다 _220
부모의 질문 패턴이 아이의 대화 능력을 결정한다 _223
성향에 따라 질문이 달라져야 하는 이유 _226
4가지 성격유형별 질문법 사례 _229

제2장 코치형 아빠의 질문법 _243
부모가 실수하는 4가지 유형의 질문 _244

코치형 아빠가 되는 5가지 스킬
　　아이와 신뢰를 강화하는 라포 형성 _256
　　아이의 마음을 이해하는 관찰하기 _261
　　아이의 유능성을 키우는 긍정적 피드백 _266
　　아이의 마음의 문을 여는 열쇠, '경청' _269
　　아이의 미래를 바꾸는, 부모의 '질문' _274

제3장 질문을 디자인하라 _277
　　질문을 디자인하면 아이의 미래가 달라진다 _278
　　질문 디자인 프로세스: 효과적인 질문 디자인하기 _297
　　상황별 맞춤형 질문 디자인 방법 _302
　　성장하는 아이를 위한 연령별 질문법 _305
　　에필로그 _318

제1부

아빠효과, 자녀의 성장을 이끄는 아버지의 힘

제1장

아버지의 존재, 자녀의 미래가 달라진다

아버지의 사명과 역할

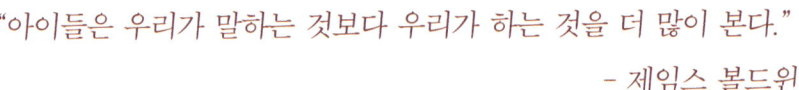

"아이들은 우리가 말하는 것보다 우리가 하는 것을 더 많이 본다."
- 제임스 볼드윈

사람은 살아가면서 여러 가지 이름으로 불립니다. 아들, 남자, 남편, 아버지…. 이 이름들은 단순한 호칭이 아니라 각각의 역할과 책임, 그리고 사명을 담고 있습니다. 특히 '아버지'라는 이름은 가정에서 가장 중요한 역할 중 하나이지만, 때로는 다른 이름들 사이에서 그 의미가 흐려지기도 합니다.

아버지는 누구인가?

나의 이름은 자녀입니다. 시간 없는데, 길 막히는데 뭐 하러 오냐는 부모님 말씀에 자녀는 가지 않아도 되는 줄 알았습니다.

부모님을 뵙고 돌아올 때면 항상 길모퉁이를 돌아 자식이 보이지 않을 때까지 손 흔들어 주시고 한동안 그 자리에 서 계시던 부모님이 그

토록 보고 싶어하던 아들이었습니다.

나의 이름은 남자입니다. 남자는 그래도 되는 줄 알았습니다. 식구들이 모여 기다려도 일 있으면, 늦어도 되는 줄 알았습니다. 아이 생일날을 기억하지 못해도, 친구와 한 약속은 어김없이 지켜야 의리 있는 사나이인 줄 알았습니다. 가정의 사소한 즐거움보다는 직장과 조직에서의 성공이 더 위대한 줄 알았습니다. 남자는 그래도 되는 줄 알았습니다. 그래야 진짜 남자인 줄 알았습니다.

그런데 이제 보니, **나의 이름은 아버지였습니다.** 자녀들이 애타게 기다리는 아버지였습니다. 머리 한 번 쓰다듬어 주길, 다정한 말 한 번 건네주길 바라는 아버지였습니다.

나의 이름은 남편이었습니다. 퇴근하면 곧장 집으로 돌아와 든든한 자리를 지켜주길 바라는 남편이었습니다. 아내가 정성들여 만든 반찬을 함께 먹어 주고, 바깥에서 있었던 일을 소곤소곤 이야기하며, 언제나 친구같이 다정하게 있어 주길 바라는 남편이었습니다. 나의 고운 아내가 세상에서 가장 소중하게 생각하는 바로 그 남편이었습니다.*

아버지의 진정한 사명

아버지의 첫 번째 사명은 '존재'입니다. 단순히 가족의 생계를 책임

---

* 이글은 아버지의 사명과 역할이라는 작자 미상의 글에 "나의 이름은 자녀입니다."라는 문구를 추가한 글입니다.

지는 경제적 지원자를 넘어, 정서적으로 함께하는 존재가 되는 것입니다. 아이들은 아버지의 성공한 모습보다, 자신의 일상에 관심을 가지고 함께하는 아버지의 모습에서 더 큰 안정감을 느낍니다.

많은 아버지들이 '좋은 아버지'가 되기 위해 더 많은 시간을 일에 투자합니다. 더 나은 환경, 더 많은 기회를 자녀에게 제공하기 위해서입니다. 하지만 아이들에게 진정 필요한 것은 풍요로운 물질이 아니라, 아버지의 따뜻한 시선과 관심, 그리고 함께하는 시간입니다.

균형 잡힌 역할의 중요성

아버지로서, 남편으로서, 직장인으로서, 때로는 아들로서의 역할 사이에서 균형을 찾는 것은 쉽지 않습니다. 사회는 여전히 남성에게 '성공'과 '강인함'을 요구하고, 가정에서의 역할은 부차적인 것으로 여기게 만듭니다.

하지만 진정한 아버지의 역할은 이러한 사회적 압박을 넘어, 가족 안에서 자신의 자리를 찾는 것입니다. 자녀들에게 영웅이 되는 것이 아니라, 실수하고 넘어져도 다시 일어나는 인간적인 모습을 보여주는 것입니다. 아내에게 완벽한 배우자가 되는 것이 아니라, 서로의 부족함을 이해하고 함께 성장해가는 동반자가 되는 것입니다.

작은 순간들의 중요성

아버지의 역할은 거창한 것이 아닙니다. 자녀의 숙제를 도와주는 저녁 시간, 주말 아침 함께 나누는 식사, 잠들기 전 나누는 짧은 대화…. 이런 작은 순간들이 모여 아이의 인생에 큰 영향을 미칩니다.

"아이가 기억하는 것은 당신이 준 선물이 아니라, 당신과 함께한 시간입니다."

가족과 함께하는 평범한 일상 속에서, 우리는 '아버지'라는 이름의 진정한 의미를 발견할 수 있습니다. 직장에서의 성공과 사회적 인정도 중요하지만, 가정에서 채워야 할 아버지의 자리는 그 무엇으로도 대체할 수 없는 소중한 것입니다.

아버지의 역할에 완벽한 매뉴얼은 없습니다. 각자의 가정, 각자의 상황에 맞게 자신만의 아버지 역할을 찾아가는 여정입니다. 때로는 실패하고, 후회할 때도 있겠지만, 그것이 바로 진정한 아버지의 모습이기도 합니다.

오늘부터, '나의 이름은 아버지입니다'라는 사실을 가슴에 새기고 가족과 함께하는 시간의 가치를 소중히 여겨보는 것은 어떨까요? 일과 가정 사이에서 균형을 찾고, 아이들에게 단순히 경제적 지원자가 아닌 정서적 동반자로 함께하는 아버지가 되는 것. 그것이 오늘날 아버지에게 주어진 가장 중요한 사명이자 역할일 것입니다.

당신이 아버지로서 완벽하지 않아도 괜찮습니다. 중요한 것은 노력하는 과정과 가족을 향한 진심입니다. 그 진심이 가족에게 전해질 때, 당신은 이미 좋은 아버지가 되어 있을 것입니다.

아버지가 변하면 아이가 달라진다

"자녀를 변화시키고 싶다면, 먼저 자신을 변화시켜라."

- 마하트마 간디

아버지 교육은 왜 중요할까요?

오늘은 예전에 다녀온 아버지 교육에서 들었던 사례를 통해 아버지 교육의 중요성과 필요성에 대해 알아보고자 합니다.

지난 2019년 말에 충북 영동에 있는 모 고등학교에 아버지 교육을 다녀온 적이 있습니다. 일반적으로 고등학교에서 아버지 교육을 하는 경우는 흔치 않은 게 사실입니다. 특히 그 학교는 골프로 유명한 고등학교였기에 강의 의뢰를 받고 많이 의아해했던 기억이 납니다. 당시 아버지 교육을 추진하셨던 담당 선생님께서는 코치님께 부탁하여 선수들의 아버지들이 교육에 모두 참석하시도록 압력(?)을 넣으셔서 총 열다섯 분의 아버지들이 교육에 참석하셨습니다. 선생님께서 이렇게 하신 이유는 심리상태가 건강하지 못한 선수들이 많이 있었고, 이런 문제의 중심에는 아버지가 있다는 믿음 때문이었습니다. 엄마들을 통해 문제를 해결하기보다는 아빠들과의 관계 개선을 통해 아이들의 문제가 해결될 수 있다는 믿음을 가지고 계셨던 것입니다. 선생님의 이런 열정 덕분에 총 2회기의 강의 동안 열다섯 분의 아버지들이 모두 교육에 참석하셨고 의외로 강의에 집중해 주셨던 기억이 있습니다.

4년여의 시간이 지난 2023년 당시의 선생님으로부터 전화를 받았습니다. 학교를 퇴직하시고 충북 옥천의 가족센터에 부임을 하게 되었는데, 그곳에서도 아버지 교육을 하고 싶다는 요청이었습니다. 잊지 않고 기억해주시는 마음에 감사한 생각으로 강의에 가기로 약속하였습니다. 강의 당일 좀 일찍 옥천에 도착하여 선생님과 그간의 이야기를 나누게 되었습니다. 당시 그 고등학교에서 아버지 교육 후 많은 변화가 있었다는 감사한 소식을 전해 주셨습니다. 당시 선수를 둔 일부 아빠들이 아이들에게 강압적이고 지시적인 분들이 계셨는데, 강의 후 많이 달라져서 아이들과의 관계가 좋아졌고 아이들 또한 심리적으로 안정되는 효과가 있었다는 말씀이셨습니다. 그리고 이런 덕분에 아이들이 졸업한 후에도 몇몇 아버지들은 지금도 잊지 않고 선생님께 전화하셔서 그때의 교육에 대해 감사 인사를 하신다는 말씀도 전해 주셨습니다.

강의를 하고 돌아오면 제가 하는 강의가 어떤 영향을 미치는지 파악하기 어려운데 이렇게 몇 년이 지난 후 소식을 들으니 제가 하는 아버지 교육에 대한 중요성이 느껴져서 제가 하는 일에 대한 사명감이 더욱 느껴지는 순간이었습니다.

일반적으로 대도시에서도 아버지 교육을 하면 참여하시는 분들이 그렇게 많지는 않은 게 현실입니다. 아이들 교육은 엄마의 몫이라는 선입견에 기인한 결과가 아닐까 싶습니다.

이번 옥천 강의에는 총 20여 명의 아빠들이 참석해 주셨습니다. 옥천이라는 지역적인 특성을 고려하면 무척 많은 인원이 참석하신 것입니다. 이번 교육을 위해 해당 기관에서 얼마나 애쓰시고 노력했는지를 충분히 알 수 있었습니다. 저 또한 선생님의 이런 열정을 알기에 더 세심하게 준비하였고 강의에 참석하신 아빠들 모두 집중하여 참여해 주셨고 반응 또한 아주 좋았습니다.

이제 아버지 교육에 관심을 가지고 아버지 교육을 한 지가 10년이 넘어갑니다. 같은 아버지로서 경청하고 공감하다 보니 강의를 하다 보면 한편이 되어가는 느낌을 많이 받습니다. 엄마가 아닌 아버지만이 제공할 수 있는 아버지다움의 중요성과, 시각적으로 표현된 동상이몽 성격유형을 활용한 관계의 기술에 관한 강의는 많은 아버지들이 스스로를 성찰하고 아버지로서 자부심을 갖게 하는 것 같습니다.

아버지가 변하면 아이가 달라지고 가정이 변합니다. 아이들의 행복과 건강한 가정을 위해 애쓰고 노력하는 이 땅의 모든 아빠들에게 감사와 존경의 마음을 담아 응원의 박수를 보냅니다.

아빠효과, 엄마의 역할이 중요하다

"아이들은 어머니가 아버지를 대하는 방식을 통해 아버지에 대한 존경심을 배운다."

- 마거릿 미드

우리나라 엄마들은 대부분 아이들의 양육과 학습의 전권을 쥐고 있습니다. 상대적으로 아빠는 돈을 버는 기계 혹은 아웃사이더로 전락하는 게 현실입니다. 이러다 보니 아빠의 무관심과 소통의 부재가 자녀와의 거리를 멀게 하고 관계가 회복 불가의 상태가 되기도 합니다.

아이들이 자라는 동안 아빠가 아이들에게 미칠 수 있는 긍정적인 요인은 사회성 향상, 문제해결 능력, 행복도 등 여러 가지가 있습니다. 영국 뉴캐슬대학 연구진이 1958년생 영국인 1만1천여 명을 조사했습니다. 이 연구에 따르면, 어린 시절 아버지와 독서나 여행 등 가치 있는 시간을 많이 보낸 사람들의 IQ가 더 높았습니다. 또한 이들은 그렇지 못한 사람들보다 사회적 신분 상승 가능성도 더 컸습니다.

일반적으로 이야기하는 아빠효과를 요약하면 다음과 같습니다.

1. 아이의 지적·언어능력 발달

아버지와의 상호작용은 아이의 지적 발달과 언어 능력에 큰 영향을 미칩니다. 아버지가 아이와 함께 책을 읽거나 이야기하는 시간은 아이의 어휘력과 언어 이해력을 향상시키는 데 도움이 됩니다. 또한 아버지와의 대화를 통해 아이는 새로운 개념과 정보를 배우고, 문제해결 능력을 키우게 됩니다. 아버지가 다양한 주제에 대해 이야기하고 질문을 던짐으로써, 아이는 호기심을 가지고 탐구하는 자세를 기를 수 있습니다.

2. 아이의 사회성 발달

아버지와의 활동은 아이의 사회적 기술을 향상시키는 데 중요한 역할을 합니다. 아버지와 함께 놀이를 하거나 팀 스포츠에 참여하는 것은 협력, 의사소통, 문제해결 능력을 키우는 데 도움을 줍니다. 이러한 경험을 통해 아이는 친구들과의 관계를 형성하고 유지하는 방법을 배우게 됩니다. 또한 아버지가 보여주는 긍정적인 사회적 행동과 규범은 아이가 사회적으로 올바르게 행동하는 데 큰 영향을 미칩니다.

3. 아이의 행복감 향상

아버지와의 시간은 아이의 행복감과 정서적 안정을 증진시킵니다. 아버지와의 애정 어린 상호작용은 아이에게 안정적인 정서적 기반을 제공하며, 이는 자존감과 신뢰 형성에 긍정적인 영향을 미칩니다. 아버지가 아이의 감정을 이해하고 지지해주는 것은 아이가 자신의 감정을 건강하게 표현하고 관리하는 능력을 기르는 데 도움을 줍니다. 또한 아버지와의 즐거운 경험은 아이에게 긍정적인 기억을 남기며, 이는 전반적인 행복감과 만족도를 높이는 데 기여합니다.

이와 같은 아빠효과는 자녀의 전반적인 발달과 행복에 중요한 영향을 미칩니다. 아버지의 역할은 자녀의 삶에 깊은 영향을 미치는 중요한 요소입니다. 아빠와의 관계가 좋은 아이는 성인이 되어 행복한 결혼생활을 할 확률도 훨씬 높습니다.

이러한 아빠효과를 위해서는 아빠와 아이의 친밀감이 형성되고 아이가 아빠를 존경하는 태도를 갖는 게 무엇보다 중요합니다. 아내는 좋은 아빠가 되기 위한 남편의 절대적인 조력자입니다. 아내가 어떤 역할을 하느냐에 따라 남편을 좋은 아빠 혹은 나쁜 아빠로 만들 수 있습니다. 자녀에게 아빠의 존재감을 확인시키는 엄마의 말이나 행동은 어떤 게 있을까요? 다음은 생활 속에서 실천 가능한 방법들입니다.

- "그런 결정은 엄마 혼자 내릴 수 없을 것 같은데, 아빠가 오실 때까지 함께 기다리자."
- "오늘 저녁에 아빠한테 한번 여쭤볼 테니 내일 다시 이야기할까?"
- 일상생활에서 아빠를 존중하는 엄마의 모습을 보여줍니다.
- 불가피하게 부부 싸움을 해야 할 때는 반드시 아이들이 없을 때나 밖에서 합니다.

제 개인적인 에피소드를 한 가지 소개하면 다음과 같습니다.

저는 개인적으로 술을 별로 즐겨하지 않습니다. 사회생활을 하다 보니 어쩔 수 없이 술을 마시는 경우를 제외하고는 술을 마시는 경우는 거의 없습니다. 아내도 제 이런 면을 잘 알고 있습니다.

아이를 낳고 아이들이 커가는 과정에서 제가 술을 먹고 집에 들어가는 날이면 아내는 항상 아이들에게 이렇게 말했습니다. "아빠 오늘 애쓰셨으니 이리 와서 안마해 드려라." 이런 말을 듣고 자라서인지 성인이 된 지금도 제가 술을 먹고 집에 들어가면 아이들은 항상 "아빠 수고하셨어요."라고 이야기합니다.

말하자면 술을 좋아하지 않는 아빠가 술을 드셨다는 것은 어쩔 수 없이 필요에 의해 마셨으니 고생하고 수고한 걸로 생각하는 것입니다. 만약 아내가 술 마시고 귀가한 남편에게 "또 술이야!"라고 비난한다면 가정 분위기가 나빠지게 됩니다. "날마다 술이니 살 수가 없네."라는 말은 더욱 상황을 악화시킵니다. 이런 환경에서 자란 아이들은 아빠에 대한 친밀감과 존경심을 갖기 어려울 것입니다.

우리 아이들이 아빠와 친밀감을 형성하고 아빠를 존경하는 아이로 키우길 원한다면 똑같은 상황이라도, 생활 속에서 남편을 존중하고 배려하는 아내들의 노력 또한 필요합니다.

존경받는 아버지가 되는 4가지 방법

"아이들의 존경은 권위가 아닌 진정성에서 비롯된다."

– 마이클 레빈

우리는 모두 아이들에게 좋은 아버지가 되고 싶어 합니다. 하지만 '좋은 아버지'란 단순히 경제적 지원을 하는 존재가 아니라, 아이들에게 존경받고 본받고 싶은 인물이 되는 것입니다. 그렇다면 어떤 아버지가 존경받을 수 있을까요? 그리고 존경받는 아버지가 되는 것이 아이들에게 어떤 영향을 미칠까요?

존경받는 아버지가 아이들에게 미치는 영향

아버지는 아이들에게 삶의 본보기입니다. 아이들은 아버지의 행동과 태도를 보고 배우며 성장합니다. 존경받는 아버지는 단순한 권위자가 아니라, 아이들에게 긍정적인 가치와 인생의 방향을 제시하는 나침반과도 같습니다.

자존감이 높은 아이로 성장

존경하는 아버지를 둔 아이들은 자신을 소중히 여기고 자신감 있는 태도를 가집니다. 아버지를 통해 건강한 자아상을 형성하고, 도전 정신을 키울 수 있습니다.

건강한 인간관계를 형성

아이들은 부모의 관계를 보며 사회적 관계를 배우게 됩니다. 아버지가 아내를 존중하고 사랑하는 모습을 보이면, 아이들도 자연스럽게 타인을 배려하고 존중하는 태도를 익힙니다.

책임감과 성취감을 배우는 아이

자신의 일을 성실하게 수행하고, 목표를 향해 노력하는 아버지를 보며 아이들은 책임감과 근면함을 배우게 됩니다. 이러한 태도는 아이들의 학업과 미래의 직업 생활에서도 긍정적인 영향을 미칩니다.

존경받는 아버지가 되는 4가지 방법

1. 좋은 아들이 되는 것부터 시작하세요

존경받는 아버지가 되기 위한 첫 걸음은 자신의 아버지에게 좋은 아들이 되는 것입니다. 부모를 공경하는 모습을 보이면, 아이들도 아빠를 통해 가족에 대한 존중과 사랑을 배울 수 있습니다. 만약 자신의 아버지와 관계가 원만하지 않다면, 화해를 시도하거나 긍정적인 태도로 대하는 것이 중요합니다.

2. 아내를 존중하고 사랑하는 남편이 되세요

아버지와 어머니의 관계는 아이들에게 가장 강력한 교육입니다. 아버지가 아내를 존중하고 사랑하는 모습을 보일 때, 아이들은 건강한 부부 관계가 무엇인지 배우고, 훗날 자신의 배우자에게도 같은 태도를 보일 가능성이 큽니다.

- **배려하는 말과 행동**: 아내의 의견을 존중하고, 작은 일에도 고마움을 표현하는 습관을 가지세요.
- **부부 갈등을 아이 앞에서 조율하기**: 아이들 앞에서 감정적으로 다투기보다 성숙하게 문제를 해결하는 모습을 보여주세요.

3. 아이와 친구 같은 아버지가 되세요

엄격한 아버지가 아니라 아이와 함께 놀고, 대화하고, 아이의 감정에 공감하는 친구 같은 아버지가 되어야 합니다.

- **아이의 관심사에 함께하기**: 아이가 좋아하는 놀이, 스포츠, 책 등을 함께 경험하세요.
- **아이의 감정을 이해하고 공감하기**: 아이가 기뻐할 때는 함께 기뻐하고, 슬퍼할 때는 공감해주세요. 아이는 이런 과정을 통해 부모와의 정서적 유대감을 느끼고, 마음을 여는 법을 배웁니다.
- **질문하고 경청하기**: 아이에게 "오늘 가장 행복했던 순간은 언제였어?", "지금 무슨 생각을 하고 있어?"와 같은 질문을 하며 적극적으로 아이의 이야기를 들어 주세요.

4. 자신의 일에 최선을 다하는 모습을 보여주세요

아이들은 아버지를 보며 삶을 배웁니다. 자신의 일에 최선을 다하는 모습을 보이면 아이들도 자연스럽게 책임감과 성실함을 배우게 됩니다.

- **일을 대하는 태도**: 단순히 돈을 벌기 위한 것이 아니라, 자신의 일에 대한 열정을 보이며 아이에게 동기부여를 해주세요.
- **가족과의 균형**: 바쁜 와중에도 가족과 함께하는 시간을 소중히 여기는 모습을 보여주면, 아이도 가정의 중요성을 배우게 됩니다.

존경받는 아버지가 되기 위한 실천

존경받는 아버지는 하루아침에 만들어지는 것이 아닙니다. 작은 습관과 태도의 변화가 아이들에게 큰 영향을 미칠 수 있습니다.

- 부모를 공경하는 모습을 보이기
- 아내에게 감사와 존중을 표현하기
- 아이와 적극적으로 소통하고 공감하기
- 자신의 일과 가정생활의 균형을 맞추기

존경은 하루아침에 얻어지는 것이 아닙니다. 일관된 행동과 진정성 있는 태도가 쌓여 시간이 지남에 따라 자연스럽게 형성됩니다. 완벽함을 추구하기보다는 성장하려는 의지를 보여주는 것이 중요합니다.

오늘 당장 모든 것을 바꿀 필요는 없습니다. 작은 변화부터 시작하세요. 하루 10분 온전히 아이에게 집중하는 시간을 만들거나, 아내에게 감사의 말을 전하는 것처럼 작은 실천이 모여 큰 변화를 만듭니다.

자녀는 아버지의 등 뒤에서 걸어갑니다. 그들은 당신의 발자국을 따라 인생의 길을 배웁니다. 그 발자국이 존중·사랑·성실함으로 가득 차 있다면, 당신의 자녀는 그 길을 따라 훌륭한 사람으로 성장할 것입니다.

"아버지의 진정한 유산은 은행 계좌의 숫자가 아니라, 자녀의 마음속에 새겨진 가치와 추억입니다."

오늘, 존경받는 아버지가 되기 위한 첫 걸음을 내딛으세요. 그 여정은 당신과 당신의 자녀, 그리고 앞으로 올 세대의 인생을 바꿀 것입니다.

아버지의 행동이 자녀의 삶이 되는 이유

"아버지의 행동은 자녀의 삶에 새겨지는 지울 수 없는 각인이다."
- 윈스턴 처칠

자녀 양육에서 아버지의 역할은 지속적으로 연구되고 강조되어 왔습니다. 최근 발달심리학 연구에 따르면, 아버지의 존재와 행동 방식은 자녀의 사회적·정서적·인지적 발달에 결정적인 영향을 미칩니다. 우리가 의식하지 못하는 사이에도, 아이들은 아버지의 행동을 세심하게 관찰하고 내면화하고 있습니다.

심리학자 알버트 반두라(Albert Bandura)의 사회학습이론에 따르면, 인간은 타인의 행동을 관찰하고 모방함으로써 배움의 상당 부분을 습득합니다. 특히 부모와 같은 권위 있는 인물의 행동은 자녀에게 강력한 모델이 됩니다. 다음 사례는 이런 이론이 실제 가정에서 어떻게 구현되는지 보여줍니다.

딸의 대학교 1학년 때 이야기입니다. 딸은 어느 날 아빠에게 학교에서 미팅을 했다는 이야기를 하였습니다.

아빠가 "어땠니?"하고 물으니 딸은 의외의 대답을 하였습니다.

"오늘 만난 그 친구는 가정교육이 제대로 안 된 것 같아요. 상대에 대한 배려가 없는 것 같았어요."

무슨 일이 있었는지 물어보니, 인도, 차도가 구분되지 않은 길을 함께 걷는데, 차가 다니는 차도 쪽에 자기가 있는 데도 신경 안 쓰고 그대로 가더라는 이야기였습니다.

그러면서 하는 이야기가 "아빠는 항상 가족들과 어디를 가시면 걸을 때 아빠가 차도 쪽 가족들은 인도 쪽으로 가게 하시잖아요?" 하는 것이었습니다. 나는 한 번도 말로써 그런 제 행동을 표현한 적이 없었습니다. 그냥 자연스럽게 그렇게 했었는데 그걸 딸은 알고 있었던 것입니다. 아빠가 가족을 배려해서 항상 그렇게 했다는 것을 말이죠.

이 이야기는 단순한 에피소드가 아닙니다. 이는 아버지의 일상적인 행동이 자녀의 가치관과 행동 양식을 형성하는 데 얼마나 중요한 역할을 하는지 보여주는 명확한 증거입니다.

하버드 대학교의 발달심리학자 로버트 세어스(Robert Sears)는 자녀가 부모로부터 배우는 가장 강력한 교훈은 직접적인 가르침이 아니라 일상적인 행동을 통한 무의식적 학습이라고 주장했습니다. 위 사례에서 아버지는 가족을 보호하기 위해 차도 쪽으로 걷는 행동을 의식적인 '레슨'으로 전달하지 않았지만, 딸은 그 행동의 의미를 정확히 이해하고 내면화했습니다.

이는 '암묵적 학습(implicit learning)'의 좋은 예입니다. 연구에 따르면 이러한 방식의 학습은 명시적 가르침보다 더 오래 지속되고 행동에 더 큰 영향을 미치는 경향이 있습니다.

아동발달 전문가인 마이클 램(Michael Lamb)의 연구에 따르면, 아버지의 역할 모델링은 특히 다음과 같은 영역에서 자녀의 발달에 중요한 영향을 미칩니다.

- **도덕적 발달**: 아버지가 보여주는 정직함, 책임감, 배려는 자녀의 도덕적 나침반을 형성합니다.
- **대인관계 기술**: 위 사례에서 보듯, 아버지가 타인을 대하는 방식은 자녀가 사회적 관계를 형성하는 방식에 직접적 영향을 미칩니다.
- **성역할 인식**: 아버지가 가정 내에서 보여주는 행동은 자녀의 성역할 인식과 미래의 관계 형성에 영향을 줍니다.
- **자아존중감**: 아버지의 배려와 보호 행동은 자녀에게 자신이 가치 있고 사랑받는 존재라는 메시지를 전달합니다.

펜실베니아 대학교의 연구에 따르면, 부모의 행동 패턴은 2~3세대에 걸쳐 전달되는 경향이 있습니다. 이는 '세대 간 전달(intergenerational transmission)'이라고 하며, 아버지가 보여주는 행동이 단지 자녀의 현재 행동뿐 아니라 미래 자녀 양육 방식에도 영향을 미친다는 것을 의미합니다.

위 사례에서 딸은 이미 '좋은 가정교육'의 기준으로 아버지의 행동을 내면화했으며, 이는 그녀가 미래에 자신의 파트너와 자녀를 대하는 방식에도 영향을 미칠 것입니다.

연구와 사례를 바탕으로, 아버지로서 자녀에게 긍정적인 영향을 미치기 위한 실천적 제안은 다음과 같습니다.

- **일관성 유지하기**: 자녀는 말보다 행동의 일관성에 더 많은 영향을 받습니다. 말하는 바와 행동이 일치하도록 노력하세요.
- **무의식적 행동 점검하기**: 자신의 일상적 행동을 되돌아보세요. "내가 모르는 사이에 자녀에게 어떤 메시지를 전달하고 있을까?"라고 자문해봅니다.
- **배려와 존중 보여주기**: 가족, 타인, 심지어 낯선 사람에게도 보여주는 작은 배려는 자녀에게 강력한 교훈이 됩니다.
- **적극적으로 모델 되기**: 자녀에게 가르치고 싶은 가치와 행동을 의식적으로 실천하세요. 예를 들어, 봉사활동에 자녀와 함께 참여하는 것은 배려와 사회적 책임감을 가르치는 효과적인 방법입니다.

차도 쪽으로 걷는 아버지의 사례는 부모 교육의 가장 근본적인 진리를 보여줍니다. 우리의 가장 강력한 교육 도구는 교과서나 설교가 아니라 우리가 매일 보여주는 행동입니다.

발달심리학자 우리 브론펜브레너(Urie Bronfenbrenner)는 "발달하는 아이에게 필요한 것은 적어도 한 사람의 성인이 그 아이에게 미친 듯이 빠져있는 것"이라고 말했습니다. 여기서 '미친 듯이 빠져 있다'는 것은 단순히 감정적 애착을 넘어, 일상의 모든 순간에 아이에게 긍정적인 모델이 되는 것을 의미합니다.

아버지로서, 여러분은 매일 자녀의 미래를 형성하고 있습니다. 이 책임을 두려워하기보다는, 작은 행동으로도 자녀의 삶에 중요한 변화를 가져올 수 있다는 점을 기억하세요. 오늘 여러분이 보여주는 작은 배려, 존중, 책임감은 내일 자녀의 인생에 큰 차이를 만들어낼 것입니다.

생일의 재발견, 미역국을 끓이는 아버지

"자녀들은 당신이 그들에게 해준 말보다 당신이 그들 앞에서 한 행동을 더 오래 기억한다."

— 제임스 돕슨

많은 아버지들이 묻습니다. "어떻게 하면 아이에게 존경받는 아버지가 될 수 있을까요?" 거창한 성취나 완벽한 모습을 보여주어야 한다고 생각하기 쉽지만, 실은 일상 속 작은 행동들이 아이의 마음속에 아버지의 위대함을 새겨넣습니다. 오늘은 효과가 입증된 제가 실천했던 방법, 그러면서도 누구나 쉽게 따라할 수 있는 방법을 나누고자 합니다.

생일은 단순히 아이를 축하하는 날이 아닙니다. 그날은 가족 모두에게 특별한 의미가 있는 날입니다. 특히 아내에게는 새 생명을 세상에 내보낸 힘겨운 노력과 용기의 날이기도 합니다.

저의 사례는 매년 아이의 생일마다 직접 미역국을 끓이는 이야기입니다. 단순한 가족 의식처럼 생각하시겠지만, 그 의미를 알게 되면 생각이 달라질 수 있습니다.

"네 생일날 너는 태어나느라 수고했고, 엄마 또한 너를 낳기 위해 애쓴 날이야! 그래서 아빠가 애쓴 엄마 대신 미역국을 끓이는 거야."

이 간단한 행동과 설명에는 세 가지의 중요한 메시지가 담겨 있습니다.
- **아내에 대한 존중과 감사**: 출산의 과정을 인정하고 그 노고에 감사함을 표현합니다.
- **아이의 존재 가치 인식**: 아이에게 그들의 탄생이 얼마나 소중하고 의미 있는지 알려줍니다.
- **가족 내 책임 분담**: 가사가 어머니만의 역할이 아니라는 것을 자연스럽게 보여줍니다.

이런 작은 의식은 아이가 성장하면서 더 깊은 의미로 다가옵니다. 청소년기에 접어든 딸은 이렇게 말했습니다. "어릴 땐 그냥 아빠가 끓인 미역국이 맛있어서 좋았는데, 커가면서 그 의미를 알게 됐어요. 아빠가 엄마와 저를 얼마나 소중히 여기는지 느껴져요."

선물의 순서가 주는 교육적 메시지

또 하나의 의미 있는 실천은 생일 선물을 줄 때의 순서입니다. 아이의 생일에 먼저 아내에게 선물을 주며 말합니다.

"우리 예쁜 딸 낳아줘서 정말 고마워."

그다음 아이에게 선물을 주며 말합니다.
"아빠 딸로 태어나줘서 정말 고마워, 사랑해!"

이 작은 의식은 놀라운 효과를 가져옵니다.

아내에게 미치는 영향
- 자신의 역할과 노력이 인정받는다는 느낌을 받습니다.
- 배우자로부터 존중받는 경험이 결혼 만족도를 높입니다.
- 아이 앞에서 인정받음으로써 어머니로서의 권위가 자연스럽게 세워집니다.

아이에게 미치는 영향
- 부모 사이의 사랑과 존중을 목격하며 정서적 안정감을 느낍니다.
- 자신의 존재 가치를 확인받으며 건강한 자아존중감이 형성됩니다.
- 관계의 중요성과 감사를 표현하는 방법을 배웁니다.

이런 덕분인지 아이들은 성인이 된 지금도 부모를 존경하고 사랑한다는 표현을 자주 하고 주변에도 감사하는 마음으로 자신의 삶을 살아가고 있습니다.

아이들은 놀라울 정도로 관찰력이 뛰어납니다. 일회성 이벤트보다 꾸준히 반복되는 작은 행동들이 아이의 마음에 더 깊은 인상을 남깁니다. 미역국을 끓이고 선물 순서를 정하는 이러한 작은 의식들이 매년 반복될 때, 그것은 단순한 행사가 아닌 가족의 가치관과 문화가 됩니다.

발달심리학자 에릭 에릭슨은 "아이들은 말보다 행동을 통해 더 많이 배운다."고 강조했습니다. 아버지가 어머니를 존중하는 모습, 가족을 소중히 여기는 태도, 감정을 솔직하게 표현하는 방식은 모두 아이에게 강력한 모델이 됩니다.

10여 년 간 아버지 교육을 하며 느낀 것은, 존재감 있는 아버지가 있는 가정의 아이들은 분명히 다르다는 것입니다. 그것은 물질적 풍요나 사회적 지위와는 무관합니다. 오히려 일상에서 아이와 진정으로 소통하고, 배우자를 존중하며, 가족의 가치를 실천하는 아버지의 모습이 아이의 정서적·사회적 발달에 결정적 영향을 미칩니다.

특히 딸에게 아버지는 미래의 배우자상을, 아들에게는 자신이 되고자 하는 남성상을 제시합니다. 아버지가 어머니를 대하는 방식, 감정을 표현하는 방식, 책임을 다하는 모습은 모두 아이의 내면에 각인됩니다.

존경받는 아버지가 되는 비결은 권위적인 태도나 완벽한 모습이 아닙니다. 오히려 진정성 있는 관계와 일관된 행동, 그리고 가족을 향한 깊은 사랑의 표현에서 비롯됩니다. 미역국을 끓이는 작은 행동이, 생일 선물의 순서가 바뀌는 작은 변화가 가족의 역학관계와 아이의 성장에 얼마나 큰 영향을 미치는지 놀라울 따름입니다.

오늘부터 시작하세요. 완벽할 필요는 없습니다. 진정성 있는 작은 변화가 시간이 지남에 따라 당신을 아이의 마음속에 존경받는 아버지로 자리잡게 할 것입니다.

아이들은 당신의 모든 것을 보고 있습니다. 그들이 어른이 되어 회상할 때, "우리 아빠는 정말 멋진 사람이었어."라고 미소 지을 수 있도록, 오늘부터 작은 변화를 시작해보세요.

아버지와의 화해에서 시작하는 세대 간 치유

"자신의 아버지를 이해하고 용서하는 것이 좋은 아버지가 되는 첫 걸음이다."

– 스콧 펙

많은 아버지들이 자녀와 친구 같은 관계를 맺고 싶어합니다. 유대감 있는 대화, 서로를 이해하는 관계, 신뢰와 존중이 있는 부자관계를 꿈꾸죠. 하지만 이러한 관계를 만들기 위한 가장 중요한 열쇠는 의외의 곳에 있습니다. 바로 자신의 아버지와의 관계에 있습니다.

"아버지는 죽어서도 그 아들 속에 살고 있습니다."라는 말이 있습니다. 이 말은 단순한 격언이 아니라 심리학적으로 입증된 현상입니다. 가족치료 전문가 머레이 보웬(Murray Bowen)이 제시한 '다세대 전이 과정(multigenerational transmission process)' 이론에 따르면, 부모-자녀 관계의 패턴은 세대를 거쳐 전달됩니다.

우리가 아버지를 대하는 방식은 무의식적으로 우리 자녀가 우리를 대하는 방식에 영향을 미칩니다. 이는 마치 보이지 않는 심리적 유전자와 같이 작용합니다.

여러분 중 많은 분들이 자신의 아버지에 대해 복잡한 감정을 가지고 있을 것입니다. 어쩌면 여러분의 아버지는 감정 표현에 서툴렀거나, 엄격했거나, 혹은 부재했을 수도 있습니다. 심리학자 칼 융(Carl Jung)은 이를 '아버지 콤플렉스(father complex)'라고 불렀는데, 이는 우리의 아버지 경험이 심리 발달과 관계 형성에 미치는 영향을 설명합니다.

문제는 이 부정적 패턴이 그대로 전달될 수 있다는 것입니다. 아버지에 대한 해결되지 않은 감정은 무의식적으로 우리 자신의 부모 역할에 영향을 미칩니다. 우리가 아버지에게 느꼈던 거리감, 단절, 또는 갈등이 우리와 자녀 사이에서 반복될 위험이 있는 것입니다.

아론 벡(Aaron Beck)의 인지행동치료 모델은 이러한 패턴을 깨는 데 유용한 프레임워크를 제공합니다. 이 모델에 따르면, 우리의 감정과 행동은 믿음과 사고방식에서 비롯됩니다. 아버지에 대한 부정적 감정을 변화시키려면, 먼저 그 근원이 되는 핵심 믿음을 재검토해야 합니다.

예를 들어, "아버지는 나를 충분히 사랑하지 않았습니다."라는 믿음을 가지고 있다면, 이것이 정말 사실인지, 혹은 당시 상황에 대한 어린 시절의 해석인지 성인의 관점에서 재평가해 볼 필요가 있습니다.

현대 심리학은 인간 행동을 그 맥락 속에서 이해하는 것의 중요성을 강조합니다. 여러분의 아버지는 어떤 시대, 어떤 환경에서 부모 역할을 했습니까? 1970년대, 80년대, 혹은 그 이전에 아버지가 된다는 것은 오늘날과는 매우 다른 의미였습니다.

"아버지가 젊었을 시기에는 지금과는 달리 먹고 살기도 힘든 시기였어요. 그런 아버지를 지금의 내가 평가하는 것은 옳지 않을 수 있어요."

이런 관점의 전환은 인지적 재구성(cognitive restructuring)의 좋은 예입니다. 아버지의 행동을 당시의 사회적·경제적·문화적 맥락 속에서 이해하면, 그의 선택과 행동에 대한 새로운 시각을 가질 수 있습니다. 아버지와의 관계를 개선하기 위한 실질적인 단계는 다음과 같습니다.

- **인정하기**: 아버지에 대한 부정적 감정을 부인하지 말고 인정하세요. 감정 자체는 옳고 그름이 없습니다.
- **맥락 이해하기**: 아버지의 행동을 그가 살았던 시대와 환경의 맥락에서 이해해 보세요.
- **재해석하기**: 아버지의 행동을 다른 관점에서 재해석해 보세요. 예를 들어, 엄격함은 혹독한 세상에서 자녀를 보호하기 위한 방식이었을 수 있습니다.
- **대화 시도하기**: 가능하다면, 아버지와 열린 대화를 시도해 보세요. 비난보다는 이해에 초점을 맞춘 대화가 중요합니다.
- **용서하기**: 용서는 상대방을 위한 것이 아니라 자신을 위한 것임을 기억하세요. 용서는 과거의 사슬에서 자유로워지는 과정입니다.

심리학자 알프레드 아들러(Alfred Adler)는 "화해는 다음 세대에게 전달할 최고의 선물"이라고 말했습니다. 이는 단순한 말이 아니라 심리적 현실입니다.

가족치료사 버지니아 사티어(Virginia Satir)는 "우리가 치유할 수 없는 것은 다음 세대로 전달됩니다."라고 경고했습니다. 여러분이 지금 내리는 선택은 단지 여러분과 아버지의 관계만을 바꾸는 것이 아니라, 여러분과 자녀의 관계, 나아가 자녀와 그들의 자녀 관계까지 영향을 미칠 것입니다.

여러분이 자녀에게 친구 같은 아버지가 되고 싶다면, 먼저 여러분의 아버지에게 친구 같은 아들이 되어 보세요. 완벽한 관계를 기대할 필요는 없습니다. 작은 변화, 작은 이해, 짧은 대화라도 시작해 보세요. 그 작은 시작이 세대를 이어 흐르는 부정적 패턴을 끊고, 새로운 긍정적 유산을 만들어 갈 것입니다.

우리 모두는 완벽한 아버지도, 완벽한 아들도 아닙니다. 하지만 이해와 용서를 통해, 우리는 더 나은 아버지, 더 나은 아들이 될 수 있습니다. 그리고 그 여정은 자신의 아버지를 새롭게 바라보는 것에서 시작됩니다.

우리가 희망하는 미래의 가족 관계는 과거의 상처를 치유하는 데서 시작됩니다. 오늘 여러분이 내리는 용기 있는 선택이 여러분의 가족 역사에 새로운 장을 열게 될 것입니다.

제2장

공감과 소통으로 키우는 자녀의 잠재력

말 한마디가 바꾸는 아이의 미래

"아버지의 지혜로운 말 한마디는 아이에게 평생의 나침반이 된다."
- 벤자민 프랭클린

말 한마디가 만들어내는 인생의 방향

우리는 종종 아이의 성장에 무엇이 가장 중요한지 질문받습니다. 좋은 학교? 다양한 경험? 뛰어난 지능? 물론 이 모든 것이 중요합니다. 하지만 제가 교육심리학과 코칭을 공부하고, 10여 년 간 부모교육을 하면서 발견한 가장 강력한 영향력은 바로 '부모의 피드백'에 있었습니다. 특히 아이가 도전하고 성취했을 때, 그 순간 부모가 어떤 말을 건네는지가 아이의 자아개념과 미래 행동 패턴을 형성하는 결정적 순간이 됩니다. 이는 단순한 이론이 아닌, 실제 사례를 통해 입증된 사실입니다.

장거리 달리기와 한 소녀의 성장 이야기

초등학교 5학년 소녀가 있었습니다. 그녀는 단거리 달리기에서 한

번도 3등 안에 들어본 적이 없었습니다. 신체적 조건이 뛰어나지 않았던 그녀에게 달리기는 그저 '잘하지 못하는 것' 중 하나였을 뿐입니다.

그러던 어느 날, 학교에서 1,000미터 장거리 경기가 열렸습니다. 대부분의 아이들이 700미터 지점에서 지쳐 포기하기 시작할 때, 이 소녀는 포기하지 않고 계속 달렸습니다. 심지어 자신보다 20센티미터나 더 큰 상급생처럼 보이는 아이와 마지막까지 경쟁하며 기어이 1등을 차지했습니다.

성취감에 가득 찬 소녀는 직장에 있는 아버지에게 전화를 걸어 이 기쁜 소식을 전했습니다. 이때 아버지는 이렇게 말했습니다.
"너는 정말 끈기와 인내심이 대단하구나. 앞으로 네가 이런 자세로 노력하면 너는 못할 것이 없을 거야. 정말 잘했어."

단순한 칭찬 한마디라고 생각하셨나요? 아닙니다. 이 피드백은 소녀의 인생 방향을 바꾸어 놓았습니다. 후에 아버지와 함께 쓴 책에서 그녀는 이렇게 회고했습니다.

"단거리 달리기에서 필요한 것은 재능이지만 장거리 경기에서 필요한 것은 인내와 꾸준함이라는 사실을 알게 되었습니다. 이후 학창시절의 나는 이런 자세로 장거리 경기하듯 꾸준히 공부하였고, 내가 원하는 학교에 합격할 수 있었습니다."

한 번의 성공 경험과 그에 대한 부모의 의미 있는 피드백이 아이의 자기 인식과 행동 방식을 어떻게 형성했는지 보여주는 명확한 사례입니다.

같은 상황, 다른 피드백의 파급력

그렇다면 만약 다른 피드백이 주어졌다면 어땠을까요? 실제로 제가 부모교육 강의에서 이 사례를 공유하며 "여러분이라면 어떤 말을 해주셨을까요?"라고 물었을 때, 다양한 답변이 나왔습니다.

대부분은 "잘했어! 정말 대단하다!"와 같은 일반적인 칭찬이나 "맛있는 것 사줄게."와 같은 보상을 언급했습니다. 그러나 충격적인 답변도 있었습니다.

"너는 무슨 달리기에 목숨 걸었니? 공부를 그렇게 좀 해봐라."

이런 피드백을 받은 아이는 어떤 생각이 들까요? 심리학적 관점에서 분석해보겠습니다.

- **자괴감 발생**: "내가 이러려고 그렇게 노력했나?"라는 회의감
- **도전 회피 성향 발달**: 다시는 달리기뿐만 아니라 다른 도전에도 적극적으로 임하지 않게 됨.
- **외부 평가 의존성 증가**: 자신의 성취보다 타인(특히 부모)의 평가에 더 의존하게 됨.
- **분야 간 부정적 일반화**: "달리기는 중요하지 않아."라는 메시지가 "내가 좋아하는 것은 가치가 없어."라는 확장된 신념으로 발전 가능

이처럼 동일한 사건에 대해 부모의 피드백은 천차만별이며, 이 피드백이 아이의 미래를 결정적으로 형성합니다.

앞서 소개한 아버지의 피드백이 왜 그토록 효과적이었을까요? 교육심리학 연구에 기반하여 분석해 보면, 다음과 같은 요소들이 담겨 있습니다.

1. 구체적 특성 강조(Specific Trait Feedback)

"정말 잘했어."와 같은 일반적 칭찬이 아닌, "너는 끈기와 인내심이 대단하구나."라고 구체적인 특성을 언급했습니다. 스탠포드대학의 캐럴 드웩(Carol Dweck) 교수의 연구에 따르면, 결과보다 과정과 특성에 초점을 맞춘 피드백이 아이의 성장 마인드셋(Growth Mindset) 발달에 핵심적입니다.

2. 미래 가능성 연결(Future Possibility Connection)

"앞으로 네가 이런 자세로 노력하면 너는 못할 것이 없을 거야."라는 말은 현재의 성취를 미래의 가능성과 연결했습니다. 이는 단일 사건이 아닌 아이의 잠재력과 미래 역량에 대한 믿음을 심어줍니다.

3. 내적 통제감 강화(Internal Locus of Control)

"너는 못할 것이 없을 거야."라는 말은 성공의 원인을 아이의 내적 자질(끈기와 인내심)에서 찾게 합니다. 이는 심리학에서 '내적 통제감(Internal Locus of Control)'를 강화하는 접근법으로, 아이가 자신의 노력으로 결과를 만들어낼 수 있다는 신념을 발달시킵니다.

4. 전이 가능한 교훈 제공(Transferable Lesson)

이 피드백은 단순히 달리기 성취에 관한 것이 아니라, 인생의 다른 영역에도 적용할 수 있는 교훈을 담고 있습니다. 실제로 소녀는 이 교훈을 학업에 적용했고, 그것이 성공으로 이어졌습니다.

두 종류의 피드백과 그 영향력 - 성장 지향적 피드백 vs. 결과 지향적 피드백

연구에 따르면, 피드백은 크게 두 가지로 나눌 수 있습니다.

1. 성장 지향적 피드백(Growth-oriented Feedback)
- 과정, 노력, 전략에 초점
- 구체적인 행동과 특성 언급
- 미래 가능성과 연결
- 다른 영역으로의 전이 가능성 내포

2. 결과 지향적 피드백(Outcome-oriented Feedback)
- 결과와 성취에만 초점
- 일반적이고 모호한 칭찬이나 비판
- 외부 보상이나 처벌에 의존
- 특정 영역에 국한된 평가

경기에서 1등을 한 소녀의 아버지는 전형적인 성장 지향적 피드백을 제공했습니다. 이런 피드백은 아이의 자아존중감뿐만 아니라, 회복탄력성, 자기효능감, 내적 동기 등 심리적 자원을 강화합니다.

긍정적 피드백의 신경학적 영향

흥미롭게도 최근 신경과학 연구는 긍정적 피드백이 뇌에 미치는 영향을 보여줍니다. 의미 있는 성취 후 받는 긍정적 피드백은 다음과 같은 생물학적 변화를 일으킵니다.

- **도파민 분비 증가**: 보상 체계를 활성화하여 성취감과 만족감 증대
- **전전두엽 활성화**: 계획, 의사결정, 자기조절 능력 향상
- **해마 기능 강화**: 긍정적 경험의 기억 형성과 저장을 촉진
- **코티솔 수치 감소**: 스트레스 호르몬 감소로 정서적 안정감 증가

이런 생물학적 변화는 일시적인 기분 개선을 넘어, 아이의 뇌가 도전과 성취에 대해 장기적으로 긍정적인 연결을 형성하도록 돕습니다.

말 한마디가 바꾸는 미래

달리기 경기에서 1등을 한 소녀의 이야기는 단순한 성공담이 아닙니다. 그것은 부모의 피드백이 어떻게 아이의 세계관을 형성하고, 자기인식을 발달시키며, 미래 행동 패턴을 결정하는지 보여주는 강력한 사례입니다.

우리는 매일 자녀에게 수십 개의 피드백을 제공합니다. 그중 몇몇은

일상적이고 사소해 보일 수 있지만, 결정적인 순간의 의미 있는 피드백은 아이의 인생 궤적을 바꿀 수 있습니다.

"너는 정말 끈기와 인내심이 대단하구나. 앞으로 네가 이런 자세로 노력하면 너는 못할 것이 없을 거야."

이런 말 한마디가 아이의 미래를 바꿀 수 있습니다. 우리의 모든 피드백이 아이의 가능성을 넓히고, 자신감을 키우며, 도전 정신을 북돋우는 말이 되길 바랍니다.

아이들은 우리가 그들에게 하는 말을 통해 자신을 발견합니다. 긍정적이고 성장 지향적인 피드백으로 아이들이 자신의 무한한 가능성을 발견할 수 있도록 도와주세요.

아빠의 '고마워'라는 표현이 갖는 말의 효과

"아버지의 '고마워'라는 말은 아이에게 자신의 가치를 알려주는 가장 강력한 선물이다."

– 존 고트만

쉬우면서도 어려운 게 칭찬입니다.

평소 때 자기방을 잘 정리하지 않는 딸 아이가 어느날 자기방을 깨끗이 정리했다고 해보세요. 이럴 때 부모는 일반적으로 '잘했어. 착하다. 최고다!' 등의 칭찬을 할 것입니다. 물론 이런 긍정적인 피드백은 아이를 기분 좋게 만들 수 있습니다. 하지만 잘못하면 칭찬은 아이에게 부정적인 영향을 미치기도 합니다. 예를 들어 '착하다'라는 칭찬을 자주 받는 아이는 자신의 행동을 외부의 평가에 의존하는 경향을 가질 수 있습니다. 즉 타인으로부터 착한 아이라는 반응을 듣기 위해 내면의 욕구나 소망을 억압하는 말과 행동을 반복하는 착한아이 콤플렉스 (nice guy syndrome)에 걸릴 수 있는 것입니다.

그럼 어떤 표현이 칭찬의 부작용을 없애고 아이에게 긍정적인 영향을 미칠 수 있을까요?

《어떤 아이라도 부모의 말 한마디로 훌륭하게 키울 수 있다》의 저자 아델 페이버와 일레인 마즐리시는 위의 칭찬의 표현 대신 어떻게 표현해야 하는지 몇 가지 단계를 제시하고 있습니다.

우리가 보는 것을 말합니다.
단어로 요약합니다.
우리가 느끼는 감정을 묘사합니다.

저의 경우 아이에게 칭찬할 일이 있으면 위에서 언급된 3가지의 방법을 활용하여 '고마워'라는 표현을 자주 합니다. 즉 아이의 행동으로 인해 제가 느끼는 감정을 '고마워'로 표현하는 것입니다. 아빠가 표현하는 '고마워'의 효과는 의외로 아이를 성장시키는 효과를 발휘합니다.

딸과 함께 썼던 책의 내용 중 딸의 글을 통해 아빠의 '고마워'라는 표현이 어떤 영향을 미쳤는지 살펴보겠습니다.

엄마 표 느낌표? 아빠 표 사랑가!

엄마와 아빠는 전화 스타일이 다르시다. 엄마는 느낌표가 넘쳐 잔소리 형이다. "잠은 푹 자라.","옷 따뜻하게 입고 다녀라." 반면 아빠는 "우리 딸 힘들지? 우리 딸 고생이 많네. 사랑해."와 같이 그저 토닥토닥 격려해주신다.

그날도 아빠의 레퍼토리는 여느 때와 다름없었다. "우리 딸이 고생하네. 힘들지?" 그날은 부모님이 더 그리웠던가, 아빠의 말씀이 가슴을 뭉클하게 울렸다. "아빠는 재원이가 아빠 딸이라서 너무 고마워. 그리고 너무 행복해." 힘들어서 그랬을까. 통화를 마치고 방에서 엉엉 울었다. "고마워. 고마워." 가슴을 적시는 아빠의 말씀이 강물 되어 흘렀다.

아빠는 어렸을 적부터 감사의 표현을 자주 하셨다. 별것도 아닌 일이라도 꼭 고맙다는 말씀을 하셨다. '고맙다'는 다른 사람을 행복하게 해주는 대표적인 표현이다. 누군가에게 감사의 말을 들으면 하루가 기분 좋지 않은가.

그런데 아빠의 고맙다는 표현은 특별한 느낌이 든다. 아빠는 집안의 가장이며 기둥이다. 자존심을 세울 수도 있다. 그만큼 힘든 것을 내색하지 못하는 위치다. 그렇기 때문에 아빠에게 '고맙다, 미안하다'는 말을 할 때는 수줍은 용기가 필요하다. 자식이 부모님께 감사하다는 말을 하기도 쑥스럽다. 하물며 아빠가 아들이나 딸에게 하는 감사의 표현은 오죽하겠나.

아빠의 고맙다는 말씀은 이렇게 어렵다. 힘든 만큼 강력한 힘이 있다. 어렸을 때 아빠로부터 고맙다는 말은 들으면 참 기뻤다. 크게 칭찬받을 일이 아님에도 그 한마디에 내 자신이 자랑스러워졌다. 존중받고 있음을 느꼈다. 아이에게 아빠는 뭐든 다 할 수 있는 슈퍼맨 같은 존재다. 그런 아빠에게 고맙다는 말을 들으면 어깨가 절로 으쓱거려지는 것은 당연하지 않겠는가.

어려서는 사랑을 배우고 커서는 책임감을 배우는 말이 '고마워'이다. 진심을 담은 말씀은 백 마디 훈계보다 낫다. 어색하고 힘든 일일 수도 있다. 아빠들이 사랑의 마음과 실천을 담은 표현에 조금 더 익숙해지길 응원한다. 어린 아이들은 아빠의 사랑을, 조금 더 큰 자녀들은 더불어 책임감과 감사함을 다시 한번 느낄 수 있을 것이다.

항상 고맙다는 말을 아낌없이 해주는 딸 바보 아빠! 제가 더 감사해요. 그리고 너무너무 사랑해요!

아이를 타인에게 의존적인 존재가 아닌 주체적인 존재가 되게 하는 것. 바로 부모, 특히 아빠의 말에서부터 시작됩니다.

때로는 말없이 안아주세요

"말없이 안아주는 아버지의 품은 아이에게 가장 안전한 피난처가 된다."

– 스티브 비달

러시아의 대문호 도스토예프스키는 저서 《카라마조프의 형제들》에서 어린 시절의 즐거운 추억이 많은 아이는 삶이 끝나는 날까지 안전할 거라고 말했습니다. '행복한 유년기'가 인생에서 얼마나 큰 부분을 차지하는지 짐작케 하는 대목입니다.

좋은 기억을 오래오래 간직하길 원한다면 그 상황을 일화기억의 형태로 저장하려는 노력이 필요합니다. 일화기억이란 그때의 상황을 파노라마처럼 떠올리는 기억이라고 생각하면 됩니다. 예를 들어 선물을 하더라도 선물을 사게 된 배경이나 상황, 부모의 마음 등을 함께 전달하는 것입니다. 인간의 두뇌는 행복한 일화기억을 떠올리거나 칭찬을 받게 되면 두뇌기능을 활성화시키는 '도파민'이 분비됩니다. 반면에 기분 나쁜 기억을 떠올리거나 비난이나 핀잔을 들으면 뇌를 위축시키는 '스테로이드' 호르몬이 분비되어 기억력도 떨어지고 학습을 방해하게 됩니다.

따라서 아이들이 부정적인 감정, 좋지 않은 감정을 갖고 있지 않도록 해야 합니다. 평소 격려와 칭찬을 통해 자신감을 심어주며, 긍정적이고 행복한 대화를 나누도록 하세요. 아이는 행복한 기억을 오래오래 간직할 것입니다.

《유태인의 천재교육》이라는 책을 보면 '아이를 오른손으로 벌주면 왼손으로 안아줘라.'는 말이 나옵니다. 특히 자기 전에는 부정적인 생각을 갖지 않도록 꼭 애정 표현을 하라고 합니다. 부정적인 감정을 가지고 잠자리에 들면 부정적인 생각이 꼬리에 꼬리를 물어 부정적인 생각이 커지고 고착화될 수 있기 때문입니다.

아이의 뇌는 자는 동안에도 활동한다고 합니다. 또한 잠들기 직전은 정서 발달의 황금 시간대라는 점도 잊지 말아야 합니다. 그래서 아이들이 잠들기 전 그림책을 한두 권 읽어주거나 충분한 스킨십을 통해 아이가 정서적으로 안정되도록 지혜를 발휘해야 합니다.

딸아이가 초등학교 6학년 때 엄마에게 혼이 나서 5시간 동안 가출한 적이 있습니다. 말이 가출이지 집 주변에 숨어 있다가 아빠 퇴근시간에 맞추어 아빠랑 같이 집에 들어갔으니 긴 외출이라고 생각하면 될 것입니다.

하지만 초등학교 6학년 여자 아이에게 이 5시간은 길고 불안한 시간이었을지도 모릅니다. 그날 퇴근하는 아빠와 같이 집에 들어간 아이는 엄마에게 잠시의 타이름을 받고 자기 방으로 들어갔습니다. 뒤따라 들어간 저는 아이를 아무 말 없이 한참 동안 안아 주었던 기억이 납니다. 그리고 잠자기 전 머리맡에서 아무 걱정하지 말고 편히 자라고 이야기하고, 사랑한다는 말을 했던 기억이 있습니다.

20여 년이 훌쩍 지난 지금 엄마도 아이도 왜 혼났는지는 기억을 못합니다. 다만 딸은 말없이 안아주고 잠자기 전에 따뜻하게 포옹해준 아빠의 모습만을 기억하고 있습니다. 부정적인 감정보다 안아주고 토닥여준 아빠의 사랑이 더 강했던 모양입니다. 사회인으로 성장한 딸이 지금도 아빠와 정서적으로 가까운 건 이런 기억 때문인지도 모르겠습니다.

미국의 정신건강 전문가로 포옹과 터치의 힘을 연구해 온 캐서린 키팅(Catherine Keating)은 누군가를 품에 안는 단순한 신체 접촉이야말로 정신과 신체 건강에 큰 영향을 미친다고 말합니다. 하물며 사랑하는 부모와 살을 부비며 보살핌을 받고 있을 때 아이는 가장 안락한 행복감을 느낍니다. 어린 시절 자주 끌어안고 쓰다듬는 스킨십은 아이의 머리 속에 영원히 지워지지 않는 행복한 기억으로 남게 됩니다.

때로는 백 마디 말보다 말 없는 한 번의 포옹이 아이를 감동시킨다는 사실을 모든 부모님들이 기억했으면 합니다. 때때로 말없이 아이를 안아주세요. 사랑이 가득한 눈빛으로….

공감형 대화, 아이의 가능성을 여는 열쇠

"공감의 언어로 대화할 때, 아이는 자신의 한계를 넘어설 용기를 얻는다."

– 마샬 로젠버그

한 번의 대화가 바꾼 미래

고등학교 1학년 겨울, 한 소녀의 인생이 갈림길에 서 있었습니다. 지방에서 서울로 전학 온 그녀는 미처 선행학습을 하지 못한 상태에서 이미 앞서나간 친구들과 같은 수학 학원을 다니고 있었습니다. 기초가 필요했던 그녀에게 문제풀이 중심의 수업은 고통이었고, 마침내 어느 날 그녀는 눈물을 머금고 아버지에게 말했습니다.

"아빠, 나 이제 수학 학원 안 다닐 거야!"

이 순간, 부모의 대응은 두 가지 방향으로 갈 수 있었습니다. 하나는 설득과 논리로 아이를 이해시키려는 방식, 다른 하나는 아이의 감정을 먼저 공감하는 방식입니다. 이 소녀의 아버지는 다행히 후자의 길을 선택했고, 그 결과 딸은 자신의 어려움을 솔직히 털어놓을 수 있었습니다.

공감형 대화로 딸의 진짜 문제를 파악한 아버지는 딸이 원하는 방식으로 수학을 배울 수 있도록 도왔습니다. 학원 원장님을 설득해 1주일에 한 번씩 딸이 모르는 부분을 질문할 수 있는 기회를 마련했고, 이를 통해 딸은 수학에 대한 자신감을 회복했습니다. 결과적으로 이 소녀는 나중에 수능에서 수학 만점을 받는 성취를 이루었습니다. 한 번의 대화가 한 아이의 미래를 완전히 바꾼 것입니다.

설득형 대화 vs. 공감형 대화

우리는 흔히 부모로서 자녀에게 '최선'이라고 생각하는 방향을 제시하려 합니다. 그러나 설득형 대화와 공감형 대화의 결과는 놀라울 정도로 다를 수 있습니다.

설득형 대화의 함정
설득형 대화에서 부모는 문제해결에 초점을 맞추고, 자녀를 이해시키려고 애씁니다.

딸   엄마, 나 이제 수학 학원 안 다닐 거야!
엄마 왜? 무슨 일이 있는데?
딸   몰라, 다녀봤자 의미가 없다니까.
엄마 무슨 말인지 자세히 이야기 좀 해봐.

딸 나는 기초가 필요한데 선생님은 기초는 가르쳐 주지도 않아. 또 숙제는 얼마나 많은지 짜증나 죽겠어.
엄마 좀 참고 다니면 나아질 거야. 너무 힘들면 며칠 쉬든지….

이런 대화에서 아이는 부모가 자신의 감정을 이해하지 못한다고 느끼게 됩니다. 결과적으로 아이는 더 강하게 반발하거나 대화를 중단하고, 진짜 문제는 해결되지 않은 채 남게 됩니다. 부모와 자녀 모두 좌절감을 느끼고 아이는 자신의 문제를 더 이상 부모와 나누지 않게 됩니다.

공감형 대화의 힘
반면, 공감형 대화에서 부모는 먼저 아이의 감정을 인정하고 반영합니다.

딸 아빠, 나 이제 수학 학원 안 다닐 거야!
아빠 수학 학원을 다니고 싶지 않은 모양이구나.
딸 응, 맞아, 다녀봤자 의미가 없다니까.
아빠 그래, 의미가 없다고 생각하면 다니기 싫겠다.
딸 나는 기초가 필요한데 선생님은 기초는 가르쳐 주지도 않아. 또 숙제는 얼마나 많은지 짜증나 죽겠어.
아빠 기초가 필요한데 기초는 가르쳐 주지도 않고 숙제만 많이 내주면 가기 싫긴 하겠네.

이런 접근법은 놀라운 결과를 가져옵니다.
- 아이는 자신이 이해받고 있다고 느낍니다.
- 감정이 수용되면서 더 깊은 대화가 가능해집니다.
- 아이는 점차 자신의 진짜 걱정거리를 드러냅니다.
- 함께 문제 해결책을 모색할 수 있는 기반이 마련됩니다.

공감형 대화의 심리학적 원리

교육심리학과 의사소통 연구에서는 공감형 대화가 왜 효과적인지 여러 이론으로 설명합니다.

감정 조절의 신경학적 기반

하버드 의대 연구에 따르면, 감정이 인정받을 때 뇌의 변연계(감정을 관장하는 부위)의 활성화가 감소합니다. 쉽게 말해, "너의 감정을 이해해."라는 메시지는 아이의 뇌가 감정적 반응에서 이성적 사고로 전환할 수 있게 도와줍니다.

자기결정성 이론(Self-Determination Theory)

심리학자 데시와 라이언(Deci & Ryan)의 연구에 따르면, 인간에게는 자율성·유능성·관계성의 세 가지 기본 심리적 욕구가 있습니다. 공감형 대화는 이를 충족시켜 줍니다.
- **자율성**: 아이의 선택과 관점을 인정함으로써 자율성을 지지합니다.
- **유능성**: 아이가 자신의 문제를 스스로 이해하고 해결책을 찾도록 격려합니다.

- **관계성**: 부모와 자녀 간의 정서적 연결을 강화합니다.

반영적 경청(Reflective Listening)의 효과

심리치료사 칼 로저스(Carl Rogers)가 발전시킨 이 기법은 상대방의 말을 단순히 듣는 것을 넘어, 말 속에 담긴 감정과 의미를 반영해주는 방식입니다. 위 사례에서 아버지가 사용한 "수학 학원을 다니고 싶지 않은 모양이구나.", "모르는 게 생기면 물어볼 사람이 필요한 거구나." 같은 표현이 바로 이런 반영적 경청의 예입니다.

공감형 대화를 실천하는 5단계

부모님들이 일상에서 바로 활용할 수 있는 공감형 대화의 단계를 살펴보겠습니다.

1단계: 감정에 주목하기

아이의 말 속에 담긴 감정을 파악하세요. 짜증, 불안, 좌절, 두려움 등 아이가 경험하고 있는 감정이 무엇인지 알아채는 것이 첫 단계입니다.

2단계: 감정을 반영하기

아이의 감정을 그대로 인정하고 반영해주세요.
- "네가 좌절감을 느끼는 것 같구나."
- "그런 상황이면 화가 날 만하네."
- "그건 정말 속상한 일이었겠다."

3단계: 욕구 파악하기

감정 뒤에 숨겨진 아이의 진짜 욕구를 찾아보세요. 위 사례에서 딸은 학원을 그만두고 싶다고 했지만, 실제로는 '모르는 것을 물어볼 수 있는 환경'이 필요했습니다.

4단계: 욕구를 반영하기

파악한 욕구를 다시 아이에게 반영해주세요.
- "기초부터 차근차근 배우고 싶은 거구나."
- "네 속도에 맞게 공부하고 싶은 거네."
- "모르는 부분을 편하게 물어볼 수 있는 환경이 필요한 거구나."

5단계: 함께 해결책 모색하기

아이가 충분히 이해받았다고 느끼면, 그때 함께 해결책을 찾아보세요.
- "어떻게 하면 네가 필요한 것을 얻을 수 있을까?"
- "우리가 어떻게 도울 수 있을까?"
- "네가 생각하는 해결책이 있니?"

공감형 대화를 방해하는 장애물

실제로 공감형 대화를 실천하려 할 때, 부모가 자주 부딪히는 어려움들이 있습니다.

1. 즉각적인 해결책 제시 충동

아이의 문제를 듣자마자 해결책을 제시하고 싶은 충동이 듭니다. 그러나 이는 아이의 감정을 충분히 인정하기 전에 문제해결 모드로 넘어가는 실수를 낳습니다.

- **극복 전략**: 해결책을 말하기 전에 "아직 해결책을 찾지 말자."라고 스스로에게 상기시키세요.

2. 판단하는 경향

아이가 문제를 이야기할 때 "왜 그렇게 생각해?", "그건 잘못된 생각이야."처럼 평가하기 쉽습니다.

- **극복 전략**: 판단하기 전에 "내가 아이의 입장이라면 어떨까?"라고 자문해보세요.

3. 시간 부족

바쁜 일상에서 아이의 말에 충분히 귀 기울일 시간이 부족하다고 느낍니다.

- **극복 전략**: 짧더라도 양질의 대화 시간을 확보하세요. 5분의 집중적 경청이 30분의 산만한 대화보다 효과적입니다.

4. 과거 패턴에서 벗어나기 어려움

오랫동안 설득형 대화를 해왔다면, 새로운 대화 방식으로 전환하는 것이 쉽지 않습니다.

- **극복 전략**: 완벽을 기대하지 말고, 점진적으로 공감적 표현을 늘려가세요. 실수했다면 "미안해. 엄마/아빠가 네 감정을 먼저 이해했어야 했는데."라고 솔직히 인정하세요.

공감형 대화의 장기적 효과

위 사례의 소녀가 수학 만점을 받게 된 것처럼, 공감형 대화는 단기적인 문제해결을 넘어 장기적으로 다음과 같은 효과를 가져옵니다.

1. 정서적 안정감과 회복탄력성 발달

공감받은 경험이 많은 아이들은 자신의 감정을 인식하고 조절하는 능력이 뛰어나며, 어려움에 직면했을 때 회복 능력이 탁월합니다.

2. 의사소통 능력 향상

부모의 공감적 대화를 경험한 아이들은 자연스럽게 타인과의 소통에서도 공감 능력을 발휘합니다.

3. 자기 신뢰와 의사결정 능력 강화

자신의 감정과 욕구를 인정받은 아이들은 자신의 판단을 신뢰하게 되고, 주체적으로 의사결정을 할 수 있게 됩니다.

4. 부모-자녀 관계의 질적 향상

공감형 대화는 부모-자녀 관계에 신뢰와 안정감을 형성하여, 청소년기의 갈등을 현저히 줄입니다.

수학 학원을 그만두고 싶다던 소녀의 이야기로 돌아가 봅시다. 만약 설득형 대화로 그 상황이 진행되었다면, 그녀는 아마도 수학에 대한 자신감을 완전히 잃고, 어쩌면 과목 자체를 포기했을지도 모릅니다. 하지만 공감형 대화 덕분에 그녀는 자신의 진짜 필요*(기초 학습과 질문할 기회)* 를 명확히 하게 되었고, 결국 수학에서 최고의 성취를 이루었습니다.

한 번의 의미 있는 대화가 한 아이의 인생을 바꿀 수 있습니다.

여러분의 자녀도 지금 이 순간, 어쩌면 인생의 갈림길에 서 있을지 모릅니다. 그들이 진정으로 원하는 것, 두려워하는 것, 필요로 하는 것이 무엇인지 공감형 대화를 통해 발견해보세요. 그리고 그들이 자신의 길을 찾아갈 수 있도록 든든한 지지자가 되어주세요.

아이를 진정으로 이해하는 부모의 공감은 어떤 교육 방법보다 강력한 힘을 지니고 있습니다.

감정코칭 프로세스로 진행하는
부모-자녀 대화

"감정에 이름을 붙여주는 부모의 대화는 아이에게 평생의 정서적 어휘를 선물한다."

- 조안 드크

상황:

"아빠! 큰일 났어요.
시험은 다가오는데 한 게 너무 없어요.
애들을 보니까 공부 무척 많이 한 것 같더라고요.
제 친구 다니엘은 벌써 영어 교과서를 다 외웠어요.
아무래도 전 이번 시험도 꽝일 것 같아요.
선생님들도 진짜 왕 짜증이에요.
잘 가르쳐주지도 않으면서 시험은 어렵게 내고….
아 정말 짜증나요."

감정코칭 프로세스로 진행하는 부모-자녀 대화

1단계: 감정 인식하기

아이 "아빠! 큰일 났어요. 시험은 다가오는데 한 게 너무 없어요. 애들을 보니까 공부 무척 많이 한 것 같더라고요. 제 친구 다니엘은 벌써 영어교과서를 다 외웠어요. 아무래도 전 이번 시험도 꽝일 것 같아요. 선생님들도 진짜 왕 짜증이에요. 잘 가르쳐주지도 않으면서 시험은 어렵게 내고…. 아 정말 짜증나요."

아빠 (아이의 이야기를 주의 깊게 듣고 감정에 집중하며) "지금 많이 불안하고 걱정되는구나. 시험 준비가 충분히 안 된 것 같아서 마음이 조급하고 짜증도 나는 것 같네." **(감정 인식)**

2단계: 감정적 유대감 형성하기

아이 "네, 아빠. 친구들은 다 준비가 잘 된 것 같은데 저만 뒤처지는 것 같아요."

아빠 "그런 기분이 들면 정말 힘들겠다. 친구들과 비교되면서 초조해지고, 선생님들에 대한 실망감도 있고…. 나라도 그런 상황이면 많이 스트레스 받았을 것 같아." **(감정 공감)**

아이 "맞아요. 정말 스트레스 받아요. 시간도 얼마 안 남았는데…."

3단계: 아이의 감정에 귀 기울이기

아빠 "시간이 얼마 남지 않았다는 생각에 더 불안한가 보구나. 다니엘이 영어 교과서를 다 외웠다고 하니 더 위축되는 마음이 들었겠네. 더 구체적으로 어떤 과목이나 부분이 특히 걱정되니?"
(감정 탐색 및 경청)

아이 "영어가 제일 걱정돼요. 그리고 수학도요. 문제를 풀려고 해도 이해가 잘 안 돼서 포기하게 돼요. 선생님께 물어보고 싶어도 짜증낼까 봐 무서워요."

4단계: 감정에 이름 붙이기

아빠 "아, 그렇구나. 영어와 수학이 특히 걱정되는구나. 문제를 이해하지 못할 때 좌절감도 느끼고, 선생님께 질문하는 것도 불안한가 보네. 내가 이해한 게 맞니?" (감정 명명하기)

아이 "네, 맞아요. 선생님께 물어보면 '수업시간에 설명했잖아'라고 하실까 봐 더 물어보기 어려워요."

5단계: 한계 설정과 문제 해결하기

아빠 "그 마음 충분히 이해해. 학교에서 질문하기가 부담스러울 수 있지. 그런데 우리 함께 생각해보자. 너의 불안한 마음은 충분히 이해하지만, 비교하거나 포기하는 건 도움이 안 될 것 같아. 지금부터 할 수 있는 일에 집중해보는 건 어떨까?" (한계 설정)

아이 "그렇긴 한데…. 어떻게 해야 할지 모르겠어요."

아빠 "너무 큰 그림을 보면 부담스러우니까, 작은 단계부터 시작해보자. 영어랑 수학 중에서 먼저 어떤 것부터 봤으면 좋겠어?"
(문제해결 돕기)

아이 "음…. 영어부터요. 단어가 너무 많아서 외우기 힘들어요."

6단계: 함께 대안 찾기

아빠 "영어 단어가 많아서 힘들구나. 모든 단어를 한꺼번에 외우려고 하면 정말 부담스럽겠다. 우리 함께 효과적인 방법을 찾아볼까? 예를 들어, 하루에 외울 단어 수를 정해서 조금씩 꾸준히 하는 방법은 어떨까? 아니면 단어 카드를 만들어서 자주 보는 방법도 있고." (대안 모색)

아이 "하루에 20개 정도면 할 수 있을 것 같아요. 카드 아이디어도 좋네요."

아빠 "그래, 하루 20개씩 시작해보자. 그리고 수학은 어떤 부분이 특히 어려운지 같이 살펴보면 어떨까? 내가 도울 수 있는 부분이 있을 거야. 혹시 친구들 중에 수학 잘하는 친구와 함께 공부하는 것도 방법일 수 있겠다." (구체적 해결책 제시)

7단계: 긍정적 관점 제시하기

아빠 "그리고 기억해, 시험은 네 전체 가치를 결정하는 게 아니야. 시험은 단지 현재 이해도를 확인하는 도구일 뿐이야. 지금 준비가 부족하다고 느껴도, 남은 시간 동안 집중해서 최선을 다하면 분명히 성장할 거야. 다니엘처럼 할 필요는 없어. 네 속도와 방식대로 해도 괜찮아." (긍정적 관점 제시)

아이 "정말요? 저는 항상 다른 애들보다 못하는 것 같아서…."

아빠 "모든 사람은 각자 다른 강점과 속도가 있어. 비교는 의미가 없어. 우리는 네가 어제의 너보다 나아지는 데 집중하자. 그리고 혹시 선생님께 질문하기 어렵다면, 쪽지로 질문을 적어서

드리는 방법도 있어. 많은 선생님들이 그런 적극성을 오히려 좋게 봐." **(자존감 회복 지원)**

8단계: 실천 계획 세우기

아빠 "자, 이제 구체적인 계획을 세워볼까? 오늘부터 시험까지 남은 시간 동안 어떻게 공부할지 같이 계획표를 만들어보자. 영어 단어 20개씩, 수학 문제 풀기, 그리고 이해 안 되는 부분 적어 두기…. 그리고 필요하면 내가 도울게. 어떤 것부터 시작해볼까?" **(실천 계획 수립)**

아이 "네, 아빠. 지금부터 영어 단어 카드 만들어볼게요. 그리고 수학은 아빠가 저녁에 좀 설명해주실 수 있어요?"

아빠 "물론이지. 저녁에 함께 수학 문제 풀어보자. 조금씩 하다 보면 자신감도 생길 거야. 그리고 기억해, 시험 결과가 어떻든 나는 항상 네 편이야. 최선을 다하는 과정이 더 중요하니까."
(지속적 지원 약속)

아이 "고마워요, 아빠. 조금 마음이 편해졌어요."

이 감정코칭 과정은 아이의 감정을 인정하고 공감하는 것에서 시작해 구체적인 문제해결 방법을 함께 모색하는 방향으로 진행됩니다. 핵심은 아이의 감정을 먼저 수용한 후에 실질적인 도움을 제공하는 순서를 지키는 것입니다.

제3장

자기주도적 학습을 위한 아빠의 지혜

통제를 멈추면 통제가 된다

"통제하려 하지 말고 포기해요. 오직 그때만이 당신의 힘을 발견할 수 있어요."

- 영화 〈닥터 스트레인지〉(2016)

우리는 부모로서 아이가 바르게 성장하도록 돕고 싶은 마음에 자연스럽게 통제하려는 경향이 있습니다. 하지만 역설적이게도 통제를 강하게 하면 할수록 아이는 부모의 기대와는 정반대로 반응하는 경우가 많습니다.

이는 윌리엄 글라서(William Glasser)의 선택이론(Choice Theory)으로도 설명할 수 있습니다. 글라서는 인간이 외적 통제에 의해 움직이는 것이 아니라, 자신의 내적 동기와 욕구를 충족하기 위해 행동한다고 주장했습니다. 따라서 부모가 강한 외적 통제를 가할수록 아이는 자신의 욕구를 지키기 위해 저항하게 됩니다.

부모가 강하게 통제할수록 아이는 반항합니다.

부모가 아이를 통제하려고 하면, 아이는 이를 억압으로 받아들이고 반항심을 키웁니다. 예를 들어, 부모가 "숙제 안 하면 안 돼! 당장 해!"라고 명령조로 말할 때, 아이는 부모의 기대에 따르는 것이 아니라, 자신의 자유를 지키려는 본능적인 반응을 보입니다. 이는 억압적인 환경에서 자란 아이들이 종종 부모의 말을 따르지 않고, 심지어 반항적인 행동을 보이는 이유이기도 합니다.

통제가 강할수록 아이는 두 가지 반응 중 하나를 보입니다.

첫째, **적극적인 반항**입니다. 부모의 말을 듣지 않고, 의도적으로 반대 방향으로 행동하는 것입니다.

둘째, **수동적인 저항**입니다. 부모가 원하는 행동을 억지로 따르지만, 내면에서는 동기가 형성되지 않기 때문에 스스로 성장할 기회를 잃습니다.

결국 이러한 통제 방식은 부모와 아이 사이의 신뢰를 깨고, 관계를 악화시키는 결과를 초래할 수 있습니다.

통제를 멈추었을 때, 아이는 스스로를 통제합니다.

그렇다면 어떻게 해야 아이가 스스로 자신을 조절할 수 있을까요? 아이가 내적 동기를 가질 수 있도록 환경을 조성하는 것이 중요합니다. 이는 부모가 직접적으로 통제하는 것이 아니라, 아이 스스로 선택할 수 있도록 돕는 것입니다.

예를 들어, 아버지가 아들의 스마트폰 사용 시간을 제한하기 위해 "너는 하루에 한 시간만 스마트폰을 써야 해."라고 강하게 통제할 때, 아이는 부모의 규칙을 어기거나 스마트폰을 몰래 사용하려고 할 가능성이 높습니다. 그러나 아버지가 "스마트폰을 적절히 사용하면 네가 하고 싶은 일도 잘할 수 있을 거야. 네가 스스로 시간을 정해서 조절해 보면 어떨까?"라고 말하면, 아이는 자신의 선택권을 존중받는 느낌을 받고, 스스로 절제하는 법을 배울 수 있습니다.

한 연구에서 부모가 식사시간에 아이에게 "반드시 야채를 다 먹어야 해."라고 강요하면, 아이는 오히려 야채를 거부하는 경향이 높았습니다. 반면, "이 야채는 네 몸에 좋아. 너는 어떻게 먹고 싶어?"라고 선택의 기회를 주면, 아이가 스스로 야채를 먹으려는 경향이 높았습니다.

부모가 할 일은 신뢰와 존중의 환경을 만드는 것입니다.
통제를 멈춘다는 것은 아이를 방임하는 것이 아닙니다. 부모는 여전히 가이드 역할을 하면서도, 아이가 자율성을 가질 수 있도록 돕는 조력자가 되어야 합니다. 이를 위해 다음과 같은 원칙을 적용해볼 수 있습니다.

선택의 기회를 제공하세요. 강요하기보다 아이가 선택할 수 있도록 질문하고 결정하게 합니다. 자연스러운 결과를 경험하게 하세요. 아이가 자신의 선택으로 인해 발생하는 결과를 경험할 수 있도록 하되, 심각한 위험이 없는 한 개입을 최소화합니다.

신뢰와 존중을 바탕으로 대화하세요. 아이의 의견을 존중하고, 부모가 아닌 아이 자신을 위한 행동임을 깨닫게 합니다.

일반적으로 부모는 자신이 아이에게 한 행동이 아이에게 어떤 영향을 미쳤는지 확인하기가 어렵습니다. 다행히 제 경우 딸과 함께 책을 쓰다 보니 딸의 글을 통해 제가 한 행동이 어떤 영향을 미쳤는지를 확인할 수 있었습니다. 통제와 관련된 하나의 사례를 소개합니다.

딸의 초등학교 시절 어느날의 일입니다. 제가 퇴근하고 집에 오니 평소때 같으면 나와서 인사할 아이들이 조용하길래 아내에게 아이들 집에 없냐고 물었습니다. 아내가 답하길 자기들 방에서 공부한다고 합니다. 기특하다고 생각한 제가 과일을 깎아서 접시에 담아 딸의 방문을 열었습니다. 순간 고개를 돌려 아빠를 바라보는 아이의 손에는 휴대폰이 들려있었습니다. 아이 입장에서는 순간 당황할 수도 또는 한마디 잔소리 들을까 은근 염려했을지도 모릅니다. 저는 아무런 내색을 하지 않고 "집중 안 되면 좀 쉬었다 하거라." 하고 과일 접시를 두고 나왔습니다. 그리고 저는 이 일을 잊었습니다.

10여 년이 흘러 딸과 함께 쓴 책에는 그때의 내용이 담겨 있었습니다. 아빠한테 혼날 줄 알았는데 아빠가 그렇게 하고 나가니 아이 입장에서는 미안한 마음이 들었다 합니다. 그래서 더 공부를 해야겠다는 생각을 했다고 합니다. 이런 아이의 마음을 알게 된 이후 부모교육 강의에 함께 오는 아이들이 있으면 아이들에게 "이런 상황이면 너는 어떨 것 같니?" 하고 묻곤 했습니다. 대부분의 아이들은 혼날 줄 알았던 상황에서 부모가 이런 반응을 보이면 미안한 마음이 들 것 같다는 이야기를 공통적으로 하였습니다. 그리고 부모님이 실망하지 않도록 공부를 하겠다는 이야기를 하였습니다.

부모가 아이를 믿고 통제를 내려놓을 때, 아이는 오히려 자신의 삶을 주도적으로 살아가는 법을 배우게 됩니다. 우리가 해야 할 일은 강제하는 것이 아니라, 아이에 대한 믿음을 통해 아이가 스스로를 통제할 수 있도록 환경을 만들어주는 것입니다.

통제를 멈추었을 때, 비로소 진정한 통제가 시작됩니다.

내적 학습 동기를 키우는 현명한 부모의 접근법

"아이에게 선택의 기회를 제공하는 부모는 내적 동기의 씨앗을 심는다."

– 리처드 라이언

교육심리학자들이 자녀교육에서 가장 중요한 요소로 꼽는 게 바로 '학습 동기'입니다. 아무리 좋은 학원과 교재가 있어도 아이 스스로 공부하고자 하는 의지가 없다면, 모든 교육적 투자는 효과를 거두기 어렵습니다. 오늘은 교육심리학의 핵심 이론인 '자기결정성 이론(Self-Determination Theory)'을 통해 자녀의 내적 학습 동기를 효과적으로 키우는 방법에 대해 알아보겠습니다.

자기결정성 이론: 내적 동기의 핵심 요소

데시와 라이언(Deci & Ryan)이 제안한 자기결정성 이론에 따르면, 인간의 내적 동기는 세 가지 기본 심리적 욕구의 충족에서 비롯됩니다.

1. **자율성**(Autonomy): 스스로 선택하고 결정할 수 있는 자유를 경험하고자 하는 욕구
2. **유능성**(Competence): 자신이 유능하다고 느끼고 성취감을 경험하고자 하는 욕구
3. **관계성**(Relatedness): 타인과 의미 있는 관계를 맺고 소속감을 느끼고자 하는 욕구

연구에 따르면, 이 세 가지 욕구가 충족될 때 아이들은 외부의 보상이나 압력 없이도 스스로 학습하고자 하는 내적 동기가 크게 향상된다고 합니다.

지훈이 엄마의 사례: 자기결정성 이론의 구체적 실천

외국어 학습에 대한 고민

초등학교 3학년 지훈이 엄마는 아들에게 외국어 공부를 시키고 싶었습니다. 하지만 이전에 수학학원을 보냈다가 지훈이가 거부해 갈등을 겪었던 경험이 있어 어떻게 접근해야 할지 고민이었습니다. 많은 부모님들이 이런 상황에서 흔히 "외국어는 꼭 배워야 해.", "요즘은 영어나 중국어를 못하면 안 돼."라고 말하며 자녀에게 압박을 가하곤 합니다. 하지만 지훈이 엄마는 다른 접근법을 선택했습니다.

1단계: 자율성 욕구 충족하기 – 선택권 제공

구체적 대화

"지훈아, 요즘 우리 주변에 보면 외국인이 정말 많지?"

"네, 정말 많은 것 같아요."

"아마 네가 어른이 될 때쯤이면 외국인하고 같이 사는 사회가 될 것 같아. 그래서 엄마는 네가 아직 어리기는 하지만 네가 흥미를 느끼는 외국어가 있다면 하나 정도 배우는 것은 좋을 것 같아. 외국어에는 영어도 있고, 중국어, 일본어, 불어 등 많잖아. 혹시라도 배우고 싶은 게 있으면 말하면 엄마가 배우도록 도와줄게."

핵심 포인트
- 지훈이 엄마는 명령이나 지시가 아닌 '필요성'을 먼저 설명했습니다.
- 어떤 언어를 배울지 전적으로 지훈이가 선택하도록 했습니다.
- 엄마 자신의 선호(영어나 중국어)가 있었음에도 지훈이의 선택(일본어)을 존중했습니다.

실생활 적용 방법
- "이것만 해라."가 아닌 "이런 옵션들 중에 네가 관심 있는 것을 골라보렴."이라는 접근
- 선택지를 제공할 때 2~3개의 현실적인 옵션 제시하기
- 아이의 결정을 존중하고 뒤에서 지원해주는 태도 보여주기

2단계: 유능성 욕구 충족하기 – '선생님' 역할 부여

구체적 대화

학원을 다니던 지훈이가 어느 날 물었습니다.

"엄마, 왜 나만 배우고 엄마는 안 배워요?"

"엄마도 배울게. 그런데 엄마는 너에게 배우고 싶은데, 가르쳐 줄

수 있어?"

핵심 포인트
- 지훈이에게 '가르치는 사람'의 역할을 부여했습니다.
- 단순히 학습자가 아닌 지식 전달자로서의 위치를 경험하게 했습니다.
- 학원에서 배운 내용을 복습하고 설명하면서 메타인지 능력이 향상됩니다.

실제 효과
- 지훈이는 엄마에게 매일 일본어를 가르치며 자신감을 얻었습니다.
- 가르치기 위해서는 완벽히 이해해야 하므로 더 집중해서 배우게 됩니다.
- "내가 엄마를 가르친다."는 경험은 강력한 유능성을 제공합니다.

실생활 적용 방법
- "오늘 학교/학원에서 뭘 배웠니?"가 아닌 "오늘 배운 것 중 가장 재미있었던 것을 엄마/아빠에게 가르쳐 줄래?"
- 아이가 설명할 때 경청하고 진지하게 질문하기
- 아이의 가르침에 대해 구체적인 칭찬과 감사 표현하기("덕분에 이제 히라가나 5개를 알게 되었어. 정말 잘 가르치는구나!")

3단계: 관계성 욕구 충족하기 - 함께하는 시간 만들기

구체적 대화
"지훈아, 네가 엄마를 가르쳐주니 엄마 학원비가 들지 않잖아. 그래서 앞으로 학원을 가지 않아 절약되는 비용 중 5만 원을 가지고 주말에 네가 가고 싶은 곳이나 먹고 싶은 것이 있으면 엄마랑 같이 가서 놀고 맛있는 것도 먹자."

핵심 포인트
- 학습을 관계 강화의 기회로 전환했습니다.
- 금전적 보상이 아닌 '함께하는 시간'을 가치 있게 여기도록 했습니다.
- 학습과 즐거운 경험을 연결시켰습니다.

실제 효과
- 지훈이는 엄마와의 특별한 시간을 기대하며 더욱 열심히 배우게 됩니다.
- 학습이 의무나 부담이 아닌 즐거운 활동으로 인식됩니다.
- 부모-자녀 관계가 더욱 친밀해집니다.

실생활 적용 방법
- 학습 성과를 물질적 보상이 아닌 함께하는 경험과 연결하기
- "이것을 잘하면 선물을 사줄게."가 아닌 "이것을 함께 배우고 나면 특별한 시간을 가지자."
- 주말이나 저녁 시간을 활용해 아이의 관심사를 함께 탐구하는 시간 만들기

지훈이 가족의 실제 변화

이러한 접근법으로 인해 지훈이 가족에게는 여러 긍정적인 변화가 일어났습니다.

지훈이의 변화
- 일본어 학습에 대한 내적 동기가 강화되었습니다.
- 가르치는 과정을 통해 자신감과 유능성이 높아졌습니다.
- 학습을 '강요된 의무'가 아닌 '즐거운 활동'으로 인식하게 되었습니다.
- 다른 과목에도 이러한 긍정적 태도가 확산되기 시작했습니다.

가족 관계의 변화
- 부모-자녀 간 갈등이 줄어들었습니다.
- 서로 가르치고 배우는 과정에서 대화가 증가했습니다.
- 주말 활동을 함께 계획하며 더 많이 대화하고 공유하는 시간이 생겼습니다.
- 학습이 가족을 연결하는 매개체가 되었습니다.

학습 효과
- 일본어 실력이 또래보다 빠르게 향상되었습니다.
- 메타인지 능력이 발달하여 다른 과목에도 긍정적 영향을 미쳤습니다.
- 자기주도적 학습 태도가 형성되었습니다.

부모님들을 위한 실천 가이드

지훈이 엄마의 사례를 자신의 상황에 적용하고 싶은 부모님들을 위한 단계별 가이드입니다.

자율성 지원하기

- 학습의 필요성은 설명하되 최종 결정권은 아이에게 주세요.
- 여러 옵션(과목, 방법, 시간 등) 중에서 선택할 기회를 제공하세요.
- 아이의 선택을 존중하고 지지해주세요.
- "해야만 해."보다는 "왜 중요한지."를 설명해주세요.

유능성 경험 제공하기

- 아이가 배운 내용을 가족에게 가르치는 시간을 마련하세요.
- 작은 성취에도 구체적인 칭찬과 피드백을 제공하세요.
- 아이의 설명을 진지하게 경청하고 질문하세요.
- 가르치는 과정에서 필요한 자료나 도구를 제공해주세요.

관계성 강화하기

- 학습과 관련된 가족 활동을 계획하세요. 예: 일본어 배우기 → 일본 음식 함께 만들기.
- 학습 성과를 함께 축하하는 특별한 시간을 마련하세요.
- 학습 내용에 관한 대화를 자연스럽게 일상에 통합하세요.
- 성적보다 과정과 노력을 인정하고 가치 있게 여기세요.

학원은 교육의 한 도구일 뿐, 진정한 학습의 원동력은 아이 내면에서 나오는 동기입니다. 지훈이 엄마의 사례에서 볼 수 있듯이, 자기결정성 이론에 기반한 접근법은 아이의 자율성·유능성·관계성 욕구를 충족시켜 내적 동기를 강화합니다.

아이를 학원에 보내기 전에, 먼저 이 세 가지 욕구를 어떻게 충족시켜줄 수 있을지 고민해보는 시간을 가져보시기 바랍니다. 진정한 교육의 성공은 외부의 지식 전달이 아닌, 아이 스스로 배움을 즐기고 추구하게 만드는 데 있습니다. 지훈이 엄마가 보여준 것처럼, 작은 대화의 변화가 아이의 학습 태도와 가족 관계에 큰 변화를 가져올 수 있습니다.

공부는 정서라는 바다에 띄운 인지라는 배가 항해하는 것

"정서라는 깊은 바다 위에 안정적으로 떠 있을 때만, 인지라는 배는 지식의 보물을 발견할 수 있다."

– 하워드 가드너

아이들의 학습 여정에서 우리는 흔히 인지적 능력, 즉 지식의 습득과 문제해결 능력에 집중합니다. 하지만 교육심리학 분야의 최신 연구들은 공부를 할 때 정서의 역할이 생각보다 훨씬 중요하다는 사실을 보여주고 있습니다. 오늘은 정서코칭 관점에서 학습과 정서의 관계, 그리고 부모의 정서 관리가 자녀의 학습에 미치는 영향에 대해 이야기하고자 합니다.

"공부라는 것은 정서라는 바다에 띄운 인지라는 배가 항해하는 것입니다."

이 비유는 학습의 본질을 정확히 포착하고 있습니다. 인지적 능력은 마치 배와 같아서, 그 자체로는 움직일 수 없습니다. 정서라는 바다가 잔잔하고 순조로울 때 인지의 배는 원활하게 항해할 수 있지만, 정서의 바다가 거칠고 불안정하다면 아무리 좋은 배라도 앞으로 나아가기 어렵습니다.

뇌과학 연구에 따르면, 학습과 기억을 담당하는 뇌의 영역은 정서를 처리하는 영역과 밀접하게 연결되어 있습니다. 부정적 정서 상태에서는 뇌의 스트레스 호르몬이 증가하여 인지 기능을 방해하고, 긍정적 정서 상태에서는 도파민과 같은 물질이 분비되어 학습과 기억을 촉진합니다.

다음 사례를 통해 부모의 정서 관리가 자녀의 학습에 어떤 영향을 미치는지 살펴보겠습니다.

초등학생 딸 둘을 둔 엄마가 있었습니다. 두 아이가 대학생 선생님으로부터 과외를 받고 있는데 항상 언니가 먼저 공부하고 다음에 둘째가 공부하는 식이었습니다. 그러던 어느날 집을 방문하니 그날은 동생이 먼저 수업을 받기로 언니하고 이야기했다면서 자기가 먼저 과외를 받겠다고 이야기하였습니다. 이 말을 옆에서 듣던 엄마가 언니가 먼저 공부하고, 다음에 둘째가 하라고 하였습니다. 그 말을 들은 동생은 짜증을 내면서 "내가 먼저 할거야."라고 고집을 부리기 시작하였습니다. 급기야 엄마는 아이를 옆방으로 데리고 가더니 아이를 크게 혼내고 난 뒤에 다시 방으로 데려왔습니다. 그리고는 선생님에게 아이가 고집을 부려서 죄송하다면서 언니 끝나는 대로 동생 과외해 달라고 하였습니다. 언니 공부가 끝나고 동생 과외를 시작하는데, 동생은 아직도 화가 풀리지 많고 분한 마음에 공부가 안 되는지 제대로 듣지를 않았습니다.

이 사례에서 문제는 무엇일까요?
- **아이들의 자율성과 약속이 무시됨**: 두 아이는 서로 협의하여 그날 만큼은 동생이 먼저 수업받기로 했습니다. 이런 합의 과정은 아이들의 사회적 기술과 자율성 발달에 중요합니다.
- **부모의 정서 조절 실패**: 엄마는 자신이 예상했던 순서와 다른 상황에 유연하게 대처하지 못하고, 자신의 불안이나 통제 욕구를 조절하지 못했습니다.
- **부정적 정서 상태에서의 학습**: 결과적으로 동생은 화가 나고 억울한 상태에서 공부를 하게 되었고, 이런 부정적 정서 상태는 학습 효과를 현저히 떨어뜨렸습니다.

이 사례는 정서가 학습에 직접적인 영향을 미친다는 것을 명확히 보여줍니다.
- **정서적 안전감**: 아이들이 학습에 집중하려면 먼저 정서적으로 안전하다고 느껴야 합니다. 화가 났거나 불안하거나 두려운 상태에서는 뇌의 정서 조절 시스템이 과부하되어 인지적 자원을 효과적으로 사용할 수 없게 됩니다.
- **동기 부여**: 긍정적인 정서 경험은 내재적 동기를 강화합니다. 학습 과정에서 기쁨, 호기심, 성취감을 경험한 아이는 더 적극적으

로 배움에 참여하게 됩니다.
- **기억과 집중력**: 정서는 기억 형성에 중요한 역할을 합니다. 긍정적 정서 상태에서 학습한 내용은 더 잘 기억되는 반면, 부정적 정서 상태에서는 집중력이 저하되고 정보 처리 능력이 떨어집니다.

아이의 학습을 효과적으로 지원하기 위해 부모님들이 실천할 수 있는 정서코칭 전략을 제안합니다.
- **자신의 정서를 먼저 인식하고 조절하기**: 아이의 학습을 돕기 전에, 부모 자신의 정서 상태를 점검하세요. 스트레스, 불안, 초조함은 아이에게 전달됩니다.
- **아이의 정서를 인정하고 수용하기**: "오늘은 공부하기 싫은 기분이구나."와 같이 아이의 감정을 먼저 인정해주면, 아이는 자신의 감정이 존중받는다고 느끼고 더 쉽게 부정적 감정에서 벗어날 수 있습니다.
- **정서 어휘 확장하기**: 아이가 자신의 감정을 다양하게 표현할 수 있도록 도와주세요. "짜증나."보다 "실망했구나.", "억울했구나."와 같이 구체적인 정서 표현을 사용하면 아이는 자신의 감정을 더 잘 이해하고 조절할 수 있습니다.
- **문제해결 중심의 대화하기**: 감정을 인정한 후에는 "그럼 어떻게 하면 좋을까?"와 같이 아이가 스스로 해결책을 찾을 수 있도록 안내해주세요.
- **긍정적 학습 환경 조성하기**: 실수와 실패를 배움의 기회로 받아들이는 가정 분위기를 만들어주세요. 결과보다 과정을 중시하고, 노

력을 인정해주는 태도가 중요합니다.

앞서 언급한 사례에서, 만약 부모가 다음과 같이 대응했다면 결과는 어떻게 달라졌을까요?

"오늘은 두 사람이 순서를 바꾸기로 약속했구나. 서로 의논해서 결정한 것을 존중해줄게. 동생이 먼저 하고, 그동안 언니는 다른 공부를 해볼까?"

이런 접근 방식은 아이들의 자율성을 존중하고, 긍정적인 정서 환경을 조성하여 효과적인 학습을 가능하게 합니다.

학습에서 정서의 중요성을 이해하고 정서코칭을 실천하는 것은 단순히 당장의 공부 효율을 높이는 것을 넘어 아이의 평생 학습 태도를 형성하는 데 영향을 미칩니다. 아이가 공부를 하도록 만들고 싶다면, 먼저 아이의 정서가 학습에 적합한 상태인지 확인하고, 긍정적인 정서 환경을 조성해주는 것이 중요합니다. 이는 부모가 자신의 정서를 먼저 조절하고, 아이의 정서를 존중하며, 정서적으로 안전한 학습 공간을 만들어주는 것에서 시작합니다.

정서라는 바다가 잔잔하고 순조로울 때, 인지라는 배는 자신의 능력을 최대한 발휘하며 지식의 바다를 항해할 수 있을 것입니다. 부모님의 정서코칭은 이 항해를 위한 가장 중요한 나침반입니다.

학습동기, 지치지 않는 공부 비결

"배움의 즐거움을 발견한 사람은 평생 풍요로운 삶을 살 것이다."
— 아리스토텔레스

왜 어떤 아이는 스스로 공부할까요?

항상 부모의 잔소리가 필요한 우리 아이 어떻게 하면 스스로 공부하게 할 수 있을까요? 학부모라면 한 번쯤 이런 고민을 해봤을 것입니다. 어떤 아이는 부모가 시키지 않아도 알아서 숙제를 하고, 공부 계획을 세우며 목표를 향해 나아가는 반면, 어떤 아이는 부모의 잔소리가 없으면 전혀 공부를 하지 않습니다. 심지어 강요받은 아이들은 반발하거나, 겨우 책상에 앉더라도 집중하지 못하는 경우가 많습니다. 왜 이런 차이가 생기는 것일까요?

많은 부모들은 "우리 아이는 공부에 대한 의욕이 없다."고 이야기합니다. 하지만 공부를 하게 하는 핵심 요소인 동기에 대해 이야기하는 부모는 거의 없습니다. 단순한 노력 부족이 아니라, 아이가 스스로 움직일 수 있는 '자율적 동기'를 가질 수 있도록 환경을 조성하는 것이 무엇보다 중요합니다. 이를 이해하는 데 도움을 주는 핵심 이론이 바로 데시(Deci)와 라이언(Ryan)의 자기결정성이론(Self-Determination Theory, SDT)입니다.

데시와 라이언의 자기결정성이론은 인간이 스스로 동기를 가지기 위해서는 세 가지 핵심 욕구가 충족되어야 한다고 설명합니다. 이 세 가지 요소는 자율성(Autonomy), 유능성(Competence), 관계성(Relatedness) 입니다.

자율성(Autonomy): 스스로 선택하고 결정하는 경험이 중요합니다. 강압적인 환경에서는 내면적 동기가 형성되기 어렵습니다. 아이가 공부할 때도 부모가 강요하기보다는 아이가 스스로 결정하는 과정이 필요합니다. 인간은 자기 자신이 스스로 선택했을 때 선택에 대한 책임감과 잘하려고 하는 욕구가 커지게 됩니다.

유능성(Competence): 아이는 자신이 능력이 있다고 느낄 때 더 적극적으로 행동합니다. 학습 과정에서 '성취감'을 경험할 수 있도록 도와줘야 합니다. "넌 할 수 있어."라는 막연한 응원보다, 작은 목표를 세우고 성공의 경험을 축적하는 것이 중요합니다. 아이는 부모의 눈에 비친 자신의 모습을 통해 자기가 어떤 사람인지를 인식합니다. 관찰을 통해 아이의 작은 성공의 경험을 발견하고 긍정적인 피드백을 하는 부모의 자세가 필요합니다.

관계성(Relatedness) : 부모와 교사, 또래와의 긍정적인 관계 속에서 동기가 형성됩니다. 부모가 지지해주고 아이의 감정을 공감해줄 때, 아이는 더욱 자기주도적으로 성장할 수 있습니다. 청소년들을 만나 이야기를 나누다 보면 의외로 많은 아이들이 부모가 싫어서 공부를 안 한다는 이야기를 합니다. 동기에서 관계가 얼마나 중요한지를 알게 하는 부분입니다.

즉, 자율성·유능성·관계성이 적절히 충족될 때 아이는 '외적 동기(부모의 강요, 보상)'에서 벗어나 '내적 동기(스스로의 열정과 목표)'로 나아갈 수 있습니다.

사례로 자율적 동기를 키운 부모와 아이의 이야기를 살펴보겠습니다.

사례 1: 강요에서 자율로 변화한 재원이의 이야기

초등학교 5학년 재원이는 엄마가 중요하다고 생각하여 등록해 준 영어, 수학, 논술, 피아노, 태권도 학원을 다니고 있습니다. 몸이 피곤해도 초등학교 때 기초를 잘 다져야 한다며 엄마는 학원에 빠지는 건 절대 안 된다고 말씀하십니다. 이러다 보니 재원이는 매일 매일 학원은 다니지만 재미도 없고 성적도 별로 나아지지 않습니다.

어느 날 재원이의 일기장에 적힌 학원 다니느라 힘들다는 글을 아빠가 보게 되었고 아빠는 재원이가 다니고 싶은 학원만 스스로 선택하여 다닐 수 있도록 하였습니다. 재원이는 스스로 수학과 논술 학원을 선택하였고 이후 공부에 대한 흥미를 가지게 되어 다른 과목도 잘하게 되었습니다.

사례 2: 학습 자율성을 존중받은 수연이의 이야기

초등학교 4학년 수연이는 어릴 때부터 부모가 "네가 원하는 방식으로 해보자."라고 말하며 선택권을 주었습니다. 수연이가 "오늘은 영어보다 과학이 더 하고 싶어."라고 하면, 부모는 "좋아, 오늘은 과학을 집중적으로 해보자."라고 존중해 주었습니다. 또한 어려운 문제를 해결했을 때 "넌 이 문제를 해결했구나! 대단해!"라고 칭찬하며 유능성을 키워주었습니다.

그 결과 수연이는 자신만의 학습 스타일을 찾아갔고, 공부에 대한 흥미가 자연스럽게 생겼습니다. 외적인 보상 없이도 스스로 공부하는 습관이 자리잡게 되었습니다.

많은 부모가 '내 아이는 왜 스스로 공부하지 않을까?' 고민하지만, 공부에 대한 태도는 부모의 접근 방식에 따라 달라질 수 있습니다. 자기결정성 이론에서 말하는 자율성·유능성·관계성을 충족시켜주는 환경을 조성하면, 아이는 외적 동기에 의존하지 않고 내면에서 우러나오는 동기로 학습할 수 있습니다.

그렇다면 부모는 어떻게 실천할 수 있을까요?

강요하지 않고 선택권을 주세요. "숙제해!" 대신 "어떤 과목부터 시작할래?"라고 물어보세요.

작은 성취 경험을 쌓도록 도와주세요. "오늘은 이 문제 하나만 풀어보자!"처럼 목표를 작게 설정하고 목표를 이루는 경험을 축적시키도록 하세요. 공감하고 지지해주세요. "이거 어려웠지? 그래도 도전한 게 멋지다!"라고 노력을 인정해주세요.

이처럼 부모가 작은 변화만 주어도, 아이의 동기 형성에 큰 영향을 줄 수 있습니다. 아이의 자율적 동기를 키우는 것은 결국 부모의 작은 태도 변화에서 시작됩니다.

자기성찰지능: 아이의 숨겨진 학습 동력

"자기성찰지능은 아이가 스스로의 생각을 생각하게 하는 능력이며, 이것이 진정한 학습의 동력이다."

– 존 듀이

우리가 놓치고 있는 지능의 힘

많은 부모님들이 자녀의 학업 성취를 논리수학지능이나 언어지능과 같은 '전통적 지능'과 직결시키는 경향이 있습니다. 수학을 잘하면 논리수학지능이 뛰어나고, 글쓰기를 잘하면 언어지능이 높다고 단정 짓습니다. 그러나 실제 학습 과정과 성취는 이보다 훨씬 복잡하고 다차원적입니다. 특히 많은 교육 현장에서 간과되고 있는 '자기성찰지능'의 역할은 생각보다 훨씬 중요합니다.

한 고등학생의 사례를 통해 자기성찰지능이 어떻게 학업 성취에 영향을 미치는지, 그리고 왜 이것이 자녀 교육에서 핵심적인 요소인지 살펴보겠습니다.

논리수학지능은 낮지만 수학은 잘하는 딸

고등학생 딸은 항상 수학 시험에서 좋은 성적을 거두었습니다. 당연히 부모는 딸의 논리수학지능이 뛰어나다고 생각했습니다. 그러나 다중지능 검사 결과, 딸의 논리수학지능은 40점으로 평균 이하였습니다. 어떻게 논리수학지능이 높지 않은 학생이 수학에서 우수한 성적을 거둘 수 있었을까요? 답은 바로 자기성찰지능에 있었습니다. 다중지능 검사 결과를 자세히 분석해보니, 딸의 자기성찰지능, 특히 메타인지와 자기효능감이 다른 지능보다 월등히 높았습니다.

딸은 이렇게 설명했습니다. "학교에서 배우는 수학은 보통의 지능을 가지면 다 풀 수 있어요. 다른 아이들은 어렵다고 생각해서 포기하는 경우가 많지만, 저는 할 수 있다고 생각하기 때문에 계속 도전해요."

이 사례는 학업 성취에 있어 '할 수 있다'는 믿음과 자신의 학습 과정을 인식하고 조절하는 능력이 얼마나 중요한지 보여줍니다.

자기성찰지능의 두 가지 핵심 요소

자기성찰지능의 하위 요소에는 두가지 핵심 요소가 있습니다.

1. 메타인지(Metacognition)

메타인지는 '생각에 대한 생각', 즉 자신의 사고 과정을 인식하고 조절하는 능력입니다. 학습 상황에서 메타인지가 높은 학생들은 다음과 같은 특성이 있습니다.
- 자신이 무엇을 알고 모르는지 정확히 파악합니다.

- 효과적인 학습 전략을 선택하고 적용합니다.
- 학습 과정에서 오류를 발견하고 수정합니다.
- 자신의 이해도를 지속적으로 점검합니다.

위 사례의 딸은 메타인지를 활용해 자신의 학습 과정을 효과적으로 조절했을 것입니다. 예를 들어, 개념을 완전히 이해하지 못했다는 것을 인식하면 추가 연습이나 질문을 통해 그 부분을 보완했을 것입니다.

2. 자기효능감(Self-efficacy)

자기효능감은 특정 과제나 상황에서 성공적으로 수행할 수 있다는 자신의 능력에 대한 믿음입니다. 심리학자 알버트 반두라(Albert Bandura)의 연구에 따르면, 자기효능감은 다음과 같은 특성이 있습니다.

- 높은 자기효능감은 더 큰 노력과 지속성으로 이어집니다.
- 자기효능감이 높은 학생들은 어려운 문제를 도전으로 인식합니다.
- 실패를 경험해도 빠르게 회복하고 다시 도전합니다.
- 스트레스와 불안을 효과적으로 관리합니다.

위 사례의 딸은 "할 수 있다."는 강한 자기효능감을 가지고 있었습니다. 이러한 믿음은 수학 문제가 어려워도 포기하지 않고 지속적으로 노력하게 만드는 원동력이 되었을 것입니다.

자기성찰지능의 과학적 근거

교육 심리학 연구들은 자기성찰지능의 중요성을 뒷받침합니다.

- 존 해티(John Hattie)의 가시적 학습 연구: 메타인지 전략은 학업 성

취에 영향을 미치는 요인 중 상위에 위치합니다.
- **캐럴 드웩(Carol Dweck)의 성장 마인드셋**: 지능이 고정된 것이 아니라 노력을 통해 발전할 수 있다고 믿는 학생들이 더 높은 성취를 보입니다.
- **배리 짐머만(Barry Zimmerman)의 자기조절학습**: 자신의 학습을 계획, 점검, 평가할 수 있는 학생들이 더 효과적으로 학습합니다.
- **반두라(Bandura)의 자기효능감 연구**: 자기효능감은 목표 설정, 노력 투입, 지속성, 회복탄력성 등에 영향을 미치며, 이는 학업 성취와 직결됩니다.

이러한 연구들은 학업 성취에서 단순한 '타고난 지능'보다 자기성찰지능이 더 중요한 역할을 할 수 있음을 시사합니다.

자기성찰지능을 키우는 방법

자녀의 자기성찰지능을 향상시키기 위한 실질적인 방법들을 소개합니다.

메타인지 강화하기

- **학습 과정 대화 나누기**: "오늘 배운 내용 중에 어떤 부분이 이해하기 어려웠니?", "어떤 방법으로 이 개념을 이해하려고 했어?" 등의 질문을 통해 자녀가 자신의 학습 과정을 인식하도록 돕습니다.
- **학습 일지 작성 권장하기**: 무엇을 배웠는지, 무엇이 어려웠는지,

다음에는 어떻게 접근할 것인지 등을 기록하게 합니다.
- **생각 말로 표현하기**(Think Aloud): 문제를 풀 때 생각 과정을 소리 내어 말하도록 격려합니다. 이를 통해 자신의 사고 과정을 더 명확히 인식할 수 있습니다.
- **오류 분석하기**: 시험이나 과제에서 틀린 문제를 단순히 정답으로 고치는 것이 아니라, 왜 그런 오류가 발생했는지 분석하는 습관을 길러줍니다.

자기효능감 키우기

- **성공 경험 제공하기**: 도전적이지만 성공 가능한 과제를 제공하여 성취감을 느끼게 합니다. 처음부터 너무 어려운 과제는 자기효능감을 낮출 수 있습니다.
- **과정 중심 피드백**: 결과보다 노력과 전략에 초점을 맞춘 피드백을 제공합니다. "열심히 노력했구나."보다는 "어려운 부분에서도 포기하지 않고 다양한 방법을 시도한 것이 인상적이었어."와 같이 구체적으로 표현합니다.
- **롤모델 제시하기**: 비슷한 어려움을 극복한 사람들의 이야기를 공유합니다. 이것은 '나도 할 수 있다'는 대리 경험을 제공합니다.
- **긍정적 자기 대화 훈련**: "나는 할 수 없어."와 같은 부정적 자기 대화를 "아직은 어렵지만, 계속 노력하면 할 수 있을 거야."와 같은 긍정적 표현으로 바꾸도록 돕습니다.
- **실패를 학습 기회로 재구성**: 실패를 개인적 결함이 아닌 성장의 기회로 인식하도록 안내합니다. "이번에 실패했다고 네가 못하는

것이 아니라, 아직 더 배울 것이 있다는 의미야."라고 설명합니다.

전통적 접근법의 한계

수학 성적이 저조할 때 많은 부모님들이 취하는 일반적인 대응은 다음과 같습니다.

1. 더 많은 문제집과 연습 문제 제공
2. 추가 학원 등록
3. 비난이나 질책 ("왜 이것도 못 풀어?", "더 열심히 해야지.")

그러나 이러한 접근법은 오히려 아래와 같은 역효과를 불러올 수 있습니다.

- 이미 자기효능감이 낮은 상태에서의 과도한 연습은 좌절감만 키울 수 있습니다.
- 비난과 질책은 학습에 대한 불안감을 증가시키고 자기효능감을 더욱 낮춥니다.
- 학습의 본질적인 원인(메타인지 부족, 낮은 자기효능감)을 해결하지 못합니다.

앞서 소개한 고등학생 딸의 경우처럼, 문제의 핵심은 자기성찰지능에 있을 가능성이 높습니다. 단순히 더 많은 문제를 풀게 하는 것보다, 아이가 자신의 학습을 효과적으로 조절하고 '할 수 있다'는 믿음을 갖도록 돕는 것이 더 중요합니다.

부모가 갖추어야 할 마인드셋

자녀의 자기성찰지능을 키우기 위해 부모님들이 갖추어야 할 마인드셋을 제안합니다.

- **다양한 지능의 가치 인정**: 논리수학지능, 언어지능만큼 자기성찰지능도 중요하다는 것을 인식하세요.
- **과정 중심 사고**: 결과(성적)보다 학습 과정과 전략에 관심을 기울이세요.
- **인내심**: 자기성찰지능의 발달은 시간이 걸립니다. 당장의 성적 향상보다 장기적 관점에서 접근하세요.
- **자기 자신의 역할 모델링**: 부모님 자신이 자기성찰과 성장 마인드셋을 보여주세요. "나도 이것을 처음에는 어려워했지만, 이런 방법으로 극복했어."와 같은 경험을 공유하는 것이 효과적입니다.
- **대화의 질 향상**: "왜 이 성적밖에 못 받았니?"보다는 "어떤 부분이 어려웠니? 다음에는 어떻게 접근하면 좋을까?"와 같은 질문으로 자녀의 메타인지를 자극하세요.

자기성찰지능이 미래를 준비하는 핵심 역량인 이유

제4차 산업혁명 시대, 인공지능과 자동화가 가속화되는 현재와 미래에서는 단순 지식 암기나 계산 능력보다 자기성찰지능이 더욱 중요해집니다.

1. **평생학습 역량**: 빠르게 변화하는 사회에서 자기주도적으로 학습하고 적응하는 능력이 필수적입니다.
2. **불확실성 대처**: 메타인지가 높은 사람들은 새로운 상황과 문제에

더 유연하게 대처할 수 있습니다.
3. **창의적 문제해결**: 자신의 사고 과정을 인식하고 조절할 수 있는 능력은 창의적 문제 해결의 기초가 됩니다.
4. **정서적 회복탄력성**: 높은 자기효능감은 실패와 좌절에서 빠르게 회복하는 데 도움이 됩니다.

아이의 진짜 가능성을 열어주는 열쇠

고등학생 딸의 사례는 우리에게 중요한 교훈을 줍니다. 논리수학지능이 평균 이하였음에도, 높은 자기성찰지능 덕분에 수학에서 우수한 성적을 거둘 수 있었습니다. 이는 학업 성취에 있어 '타고난 능력'보다 '자기 자신을 이해하고 조절하는 능력'이 더 중요할 수 있음을 시사합니다.

자녀가 특정 과목에서 어려움을 겪을 때, 우리의 첫 반응은 더 많은 문제집을 사주거나 추가 학원을 등록하는 것이 아니라, 아이의 자기성찰지능을 살펴보는 것이어야 합니다. 자녀가 자신의 학습을 어떻게 인식하고 있는지, 얼마나 '할 수 있다'고 믿고 있는지 대화를 통해 파악하고, 이를 강화하는 데 초점을 맞춰야 합니다.

기억하세요. 아이의 가능성은 IQ나 표준화된 시험 점수로 결정되지 않습니다. 자신을 이해하고, 자신의 학습을 조절하며, '할 수 있다'는 믿음을 가진 아이는 어떤 어려움도 극복할 수 있습니다. 자기성찰지능을 키우는 것이야말로 아이의 진정한 잠재력을 열어주는 열쇠입니다.

아이의 자기결정성을 키우는 마법, 부모의 현명한 질문

"부모의 진정한 힘은 답을 제시하는 것이 아니라, 아이 스스로 생각하게 하는 질문을 던지는 데 있다."

– 마리아 몬테소리

자기결정성, 아이에게 왜 중요한가?

교육심리학 연구에 따르면, 자기결정성(self-determination)은 아이의 발달과 성장에 필수적인 요소입니다. 자기결정성이 높은 아이들은 내적 동기가 강하고, 문제해결 능력이 뛰어나며, 정서적으로도 더 안정적인 경향을 보입니다. 그러나 많은 부모님들이 의도치 않게 아이의 자기결정성 발달을 저해하는 실수를 범합니다. 바로 '과잉 개입'입니다.

아이가 "도와주세요."라고 말할 때, 우리는 자연스럽게 문제를 대신 해결해주려 합니다. 이는 단기적으로는 효율적일 수 있지만, 장기적으로는 아이가 스스로 문제를 해결하는 기회를 빼앗는 결과를 낳습니다. 그렇다면 어떻게 아이의 자기결정성을 키워줄 수 있을까요? 그 답은 바로 '현명한 질문'에 있습니다.

한 아버지와 딸의 대화: 자기결정성 성장의 순간

다음은 초등학교 3학년 재원이와 아버지의 실제 대화입니다. 이 대화는 단순한 숙제 도움 요청이 어떻게 자기결정성을 키우는 소중한 기회로 전환되었는지를 보여줍니다.

재원 아빠, 숙제가 어려워요. 도와 주세요.
아빠 우리 딸이 숙제 하는게 많이 힘든 모양이네. [공감과 경청]
재원 아빠, 숙제가 어려워요. 도와 주세요.
아빠 숙제가 힘들어서 내가 도와주길 바라는구나. [감정과 **욕구파악**]
재원 네 아빠가 좀 도와주세요.
아빠 알았어, 아빠의 도움이 필요하면 도와줘야지. 그런데 어떤 게 좋을지 한번 생각해보자. 우리 재원이가 만약 선생님이라면 재원이는 아빠, 엄마가 도와줘서 잘 만들어 온 친구를 칭찬해 주고 싶니? 아니면 좀 부족하더라도 스스로 해온 아이를 칭찬해 주고 싶니? [자율성] [역지사지 질문]
재원 그거야 당연히 스스로 한 아이를 칭찬해 주는 게 맞지!
아빠 아빠도 그렇게 생각해. 아마 선생님도 자기 스스로 하기를 바라지 않을까 싶어. 그래서 아빠도 가능하다면 좀 부족하더라도 우리 재원이가 스스로 했으면 하는데. 그런데 만약 하다가 너무 어려우면 그때 아빠에게 도움을 요청하면 어떨까? [강아지형 배려]

재원 그럼 일단 제가 혼자 해보고 도움 필요하면 이야기할게요.
아빠 좋아, 그때는 아빠가 도와주도록 할게.

이 짧은 대화 후, 재원이는 혼자서 만들기 숙제를 완성했습니다. 더 중요한 것은, 이러한 경험이 쌓이면서 재원이가 성장하며 자신의 일에 주도성을 발휘하는 아이로 발달했다는 점입니다.

현명한 질문의 심리학적 효과

이 사례에서 아버지의 접근법은 교육심리학의 여러 원리를 효과적으로 적용하고 있습니다.

1. 자기결정성 이론(Self-Determination Theory)의 적용

교육심리학자 데시와 라이언(Deci & Ryan)의 자기결정성 이론에 따르면, 인간의 내적 동기는 세 가지 기본 심리 욕구에 기반합니다.

- **자율성**(Autonomy): 스스로 결정하고 행동할 자유
- **유능성**(Competence): 자신의 능력에 대한 믿음
- **관계성**(Relatedness): 타인과의 연결감

아버지의 질문["스스로 해온 아이를 칭찬해 주고 싶니?"]은 재원이의 자율성을 존중하며, 스스로 결정할 기회를 제공했습니다. 또한 "만약 하다가 너무 어려우면 그때 도움을 요청하면 어떨까?"라는 제안은 유능성을 키우는 데 도움을 주었고, 전체 대화 과정에서의 공감적 접근은 관계성 욕구를 충족시켰습니다.

2. 비고츠키의 근접발달영역(Zone of Proximal Development)

러시아 심리학자 비고츠키는 아이들이 '혼자 할 수 있는 영역'과 '아직 도움이 필요한 영역' 사이에 '근접발달영역'이 있다고 설명했습니다. 이 영역에서의 적절한 지원(scaffolding)이 아이의 발달을 촉진합니다.

아버지는 처음부터 재원이의 숙제를 대신 해주는게 아니라 아이가 스스로 생각할 수 있는 질문을 제공함으로써 최적의 지원을 제공했습니다. 이는 "도와줄게."와 "혼자 해봐." 사이의 완벽한 균형점을 찾은 것입니다.

3. 메타인지(Metacognition) 발달 촉진

"만약 선생님이라면 어떤 아이를 칭찬하고 싶니?"라는 질문은 재원이가 자신의 상황을 객관적으로 바라보고 생각하게 했습니다. 이런 메타인지적 질문은 아이가 자신의 사고과정을 인식하고 조절하는 능력을 발달시킵니다.

4. 성장 마인드셋(Growth Mindset) 형성

"좀 부족하더라도 스스로 했으면 한다."는 메시지는 결과보다 과정을 중시하는 성장 마인드셋을 강화합니다. 심리학자 캐럴 드웩(Carol Dweck)의 연구에 따르면, 이러한 마인드셋은 아이의 회복탄력성과 도전정신 발달에 중요합니다.

자기결정성을 키우는 질문의 4가지 요소

위 사례에서 효과적이었던 아버지의 질문에는 다음과 같은 핵심 요소가 포함되어 있습니다.

1. 공감과 경청의 바탕

"우리 딸이 숙제 하는 게 많이 힘든 모양이네."라는 말처럼, 먼저 아이의 감정과 상황을 인정해주는 것이 중요합니다. 이는 아이가 안전하게 자신의 생각을 표현할 수 있는 심리적 안전감을 제공합니다.

2. 역지사지 질문

"만약 선생님이라면…."과 같은 질문은 아이가 다른 관점에서 상황을 바라볼 수 있게 합니다. 이는 인지적 유연성과 공감 능력 발달에 기여합니다.

3. 자율성을 존중하는 질문

직접적인 지시나 해결책 제시 대신 "어떻게 하면 좋을까?"와 같은 질문은 아이 스스로 결정할 기회를 제공합니다.

4. 안전망 제공

"너무 어려우면 그때 도움을 요청하면 어떨까?"라는 말은 아이에게 도전을 권장하면서도 필요할 때 도움받을 수 있다는 안전감을 줍니다.

일상에서 적용할 수 있는 자기결정성 질문의 유형

- **선택 질문**: "이 문제를 풀기 위해 어떤 방법을 사용하고 싶니?"
- **역할 바꾸기 질문**: "네가 선생님이라면 어떻게 설명하겠니?"

- **반영적 질문**: "그 방법을 선택한 이유가 있니?"
- **예측 질문**: "그렇게 하면 어떤 결과가 생길 것 같아?"
- **대안 탐색 질문**: "다른 방법으로는 어떤 것들이 있을까?"
- **자기평가 질문**: "네가 한 일 중에 가장 잘된 부분은 무엇이라고 생각해?"

질문이 변화시키는 미래: 자기결정성의 장기적 효과

재원이의 사례는 현명한 질문의 즉각적 효과뿐만 아니라 장기적 영향력을 보여줍니다. 이러한 상호작용이 반복되면서 아이는 점차 아래와 같은 능력이 강화됩니다.

- **내적 동기**(Intrinsic Motivation)가 강화됩니다: 외부의 압력이나 보상이 아닌, 내면에서 우러나오는 동기로 행동하게 됩니다.
- **자기조절 능력**(Self-regulation)이 발달합니다: 감정과 행동을 스스로 조절하는 능력이 향상됩니다.
- **문제해결 전략**(Problem-solving Strategies)을 개발합니다: 어려움에 직면했을 때 다양한 해결책을 탐색하는 습관이 형성됩니다.
- **회복탄력성**(Resilience)이 증가합니다: 실패나 어려움에서 더 빠르게 회복하고 배우는 능력이 발달합니다.

스탠포드 대학의 종단 연구에 따르면, 어린 시절 자기결정성이 높았던 아이들은 성인이 되어서도 직업적 성취도가 높고, 대인관계가 건강하며, 전반적인 삶의 만족도가 높은 경향을 보였습니다.

부모가 피해야 할 질문과 접근법

자기결정성 발달을 저해할 수 있는 접근법도 알아두세요.

- **이분법적 질문**: "이것이 맞니, 틀리니?"처럼 단순 판단만 요구하는 질문
- **유도 질문**: "이 방법이 더 좋지 않니?"처럼 특정 답을 기대하는 질문
- **비교 질문**: "왜 네 형처럼 스스로 하지 못하니?"와 같은 비교 질문
- **비난이 담긴 질문**: "왜 항상 도움을 청하니?"와 같은 부정적 전제가 담긴 질문
- **과도한 개입**: 아이가 고민하는 모습을 참지 못하고 바로 해결책 제시하기

질문은 가르침이 아닌 성장의 씨앗

아이에게 "이렇게 해야 해."라고 말하는 것은 한 번의 학습을 제공하지만, "어떻게 하면 좋을까?"라고 묻는 것은 평생의 학습 능력을 선물합니다. 재원이의 사례에서 보듯, 적절한 질문은 단순한 숙제 해결을 넘어 자기주도적 학습자로 성장하는 발판이 됩니다.

이글을 통해 제가 부모님들께 드리고 싶은 조언은 간단합니다. 다음에 아이가 "도와주세요."라고 할 때, 바로 해결책을 제시하는 대신 잠시 멈추고 질문해 보세요. 그 작은 변화가 아이의 미래에 얼마나 큰 영향을 미칠지 놀라실 것입니다. 아이의 자기결정성은 우리가 주는 답이 아닌, 우리가 던지는 질문에서 시작됩니다.

제2부

다름의 심리학, 아이의 언어로 말하기

제1장

동상이몽 성격유형 이해

아이의 기질, 그 숨겨진 태그를 읽어주세요

"아이의 기질을 존중하는 양육은 그의 진정한 본성이 꽃피울 수 있는 토양을 만든다."

– 마리아 몬테소리

모든 부모는 자녀를 위해 최선을 다합니다. 하지만 때로는 우리의 최선이 아이에게 맞지 않을 수 있습니다. 이 점을 이해하기 위해 제가 경험한 크루시아 화분 이야기를 나누고 싶습니다.

크루시아 화분의 교훈
어느 날 저는 두 개의 화분을 구입했습니다. 모두가 그렇듯 저도 식물이 잘 자라게 하고 싶었기에, 두 화분을 햇빛이 잘 드는 베란다에 나란히 놓고 일주일에 한 번씩 성실하게 물을 주며 정성껏 돌봤습니다.

한 달 남짓의 시간이 지난 후, 한 화분은 윤기가 흐르고 싱싱하게 잘 자랐지만, 다른 화분은 잎이 시들고 생기를 잃어갔습니다. 처음에는 "내가 똑같이 돌봤는데 왜 저 화분만 이럴까? 저 식물의 문제인가?"라고 생각했습니다. 그러나 자세히 살펴보니 화분에 작은 태그가 있었고, 거기에는 중요한 정보가 적혀 있었습니다.

"크루시아: 응달이나 그늘진 곳에서 잘 자라며, 건조에 강해 2주에 한 번 물주기 적합"

그제서야 깨달았습니다. 제가 최선을 다했다고 생각한 햇빛 노출과 규칙적인 물주기가 사실은 크루시아의 특성과 정반대였던 것입니다. 제 '최선'이 그 식물에게는 오히려 스트레스 요인이었습니다. 시들해진 식물은 문제가 있는 것이 아니라, 단지 자신의 본질과 맞지 않는 환경에 놓였을 뿐이었습니다.

이 화분을 그늘진 곳으로 옮기고 물 주는 횟수를 줄이자, 놀랍게도 점차 회복되기 시작했습니다. 식물은 문제가 아니었습니다. 그저 그 식물의 특성을 이해하지 못한 제 양육 방식이 문제였던 것입니다.

아이의 성향을 이해해야 하는 이유

이 크루시아 화분의 경험은 자녀 양육에 큰 교훈을 줍니다. 모든 아이는 크루시아처럼 고유한 '성질'을 가지고 태어납니다. 그것이 바로 기질입니다. 어떤 아이는 많은 자극과 활동을 필요로 하는 '양지식물'과 같고, 또 어떤 아이는 조용하고 안정적인 환경을 필요로 하는 '음지식물'과 같습니다. 부모가 아이의 이러한 기본적 특성을 이해하지 못하고 모든 아이에게 똑같은 방식으로 접근한다면, 어떤 아이들은 시들해진 크루시아처럼 제 능력을 발휘하지 못하고 어려움을 겪을 수 있습니다.

"나는 최선을 다했어."라는 말 뒤에는 종종 "네가 이 모양인 것은 네 탓이야."라는 숨겨진 메시지가 있습니다. 하지만 크루시아 사례에서 볼 수 있듯이, 진정한 최선은 대상의 본질을 이해하고 그에 맞게 접근하는 것입니다.

크루시아가 햇빛보다는 그늘을, 많은 물보다는 적은 물을 필요로 했듯이, 우리 아이들도 각자 다른 환경과 접근법을 필요로 합니다. 순한 아이에게 지나친 도전을, 까다로운 아이에게 엄격한 규칙만을, 느린 아이에게 빠른 적응을 요구한다면 그것은 진정한 최선이 아닐 수 있습니다.

크루시아가 제 특성에 맞는 환경에서 다시 생기를 찾았듯이, 아이들도 자신의 기질에 맞는 환경에서 가장 잘 성장합니다. 만약 제가 화분 태그를 읽지 않고 계속해서 같은 방식으로 돌봤다면, 그 크루시아는 결국 시들어 죽었을지도 모릅니다. 마찬가지로, 아이의 기질을 이해하지 못한 채 양육한다면, 아이의 잠재력과 자신감이 시들어갈 수 있습니다.

진정한 부모의 사랑은 아이의 본질을 이해하고 그에 맞게 양육하는 것입니다. 아이의 기질과 성향을 이해할 때, 우리는 그들이 가진 고유한 강점을 발견하고 건강한 성장을 도울 수 있습니다. 아이의 기질을 이해하는 것은 단순히 아이를 더 잘 키우기 위한 전략이 아닙니다. 그 것은 아이가 자신의 본질을 존중받으며 자신감과 유능성을 키우는 토대가 됩니다. 모든 아이는 자신만의 속도와 방식으로 성장합니다. 그 여정을 존중하고 지원하는 것이 진정한 부모의 역할입니다.

우리 모두는 크루시아를 위해 태그를 읽고 환경을 바꿀 수 있는 지혜를 가졌으면 합니다. 마찬가지로, 우리 아이들의 '태그'를 주의 깊게 읽고, 그들의 본질에 맞는 양육 환경을 제공할 수 있는 지혜를 함께 나누었으면 합니다.

동상이몽 성격유형,
가족 관계의 새로운 언어

"가족 내 다른 성격유형은 서로 다른 음색을 가진 악기처럼, 조화를 이룰 때 아름다운 하모니를 만든다."

– 칼 융

현대 가정의 가장 큰 도전 중 하나는 소통의 어려움입니다. "같은 집에 살지만 서로 다른 언어를 사용하는 것 같다."는 호소를 자주 듣습니다. 이러한 소통의 단절은 왜 발생할까요? 그 핵심에는 우리 각자가 세상을 바라보고 해석하는 방식의 차이가 있습니다.

심리학적 관점에서 볼 때, 우리 내면에는 여러 다양한 자아가 공존합니다. 때로는 이 다양한 내면의 목소리들이 혼란을 주기도 하지만, 이를 객관화하고 시각화함으로써 자신과 타인을 더 깊이 이해할 수 있게 됩니다. 픽사의 애니메이션 〈인사이드 아웃〉이 감정을 캐릭터화하여 많은 사람들에게 감정 이해의 프레임워크를 제공했듯이, 성격 특성도 비슷한 방식으로 접근할 수 있습니다.

기존의 MBTI나 에니어그램 같은 성격유형 검사들은 자기 이해에는 유용하지만, 실제 관계 속에서 발생하는 갈등과 오해를 해소하는 데는 한계가 있었습니다. 특히 가정에서 부모-자녀, 부부 사이의 소통 문제는 단순히 자신을 아는 것을 넘어, 상대방의 관점을 이해하고 수용하는 능력을 필요로 합니다.

  현대의 부모들은 과거와 달리 "내 성격은 변하지 않으니 네가 알아서 해!"라는 태도보다는 아이에게 다가가고 이해하려는 노력을 기울이고 있습니다. 바로 이런 부모님들에게 동상이몽 성격유형은 강력한 도구가 될 수 있습니다.

  동상이몽 성격유형은 분석심리학의 창시자 칼 융(Carl G. Jung)의 심리유형론을 기반으로 빅파더연구소에서 개발한 관계형 성격유형 검사입니다. 융의 이론 중에서도 특히 판단 기능(Thinking-Feeling)에 초점을 맞추어, 사람들이 결정을 내리고 가치를 부여하는 방식의 차이를 명확히 보여줍니다. 이 검사의 가장 큰 특징은 복잡한 심리학적 개념을 친숙한 동물 캐릭터로 시각화하여, 심리학에 익숙하지 않은 사람들도 쉽게 이해하고 적용할 수 있다는 점입니다.

- **사자형**(Lion): 주도적이고 목표 지향적인 성격으로, 논리와 효율성을 중시합니다.
- **돌고래형**(Dolphin): 사교적이고 활발하며, 인간관계와 감정적 연결을 중요시합니다.
- **강아지형**(Dog): 순응적이고 화합을 추구하며, 안정적인 관계를 유지하는 데 능합니다.

- **비버형**(Beaver): 신중하고 분석적이며, 정확성과 체계적인 접근을 선호합니다.

많은 부모-자녀 갈등은 성격 차이에서 비롯됩니다. 예를 들어, 사자형 부모와 강아지형 자녀 사이에는 다음과 같은 갈등이 발생할 수 있습니다.
- **사자형 부모**: "왜 네 의견을 확실히 말하지 않니? 결정을 내려야 할 때는 단호해야 해."
- **강아지형 자녀**: "엄마/아빠는 항상 내 말을 끊고 자기 생각만 강요해요. 내 감정을 이해해주지 않아요."

동상이몽 성격유형을 통해 이러한 차이를 이해하면, 부모는 자녀의 순응적인 특성이 단순한 우유부단함이 아니라 조화를 중시하는 그들만의 강점임을 인식할 수 있습니다. 이를 통해 대화 방식을 조정하고, 자녀의 성장을 더 효과적으로 지원할 수 있게 됩니다.

부부 사이의 '동상이몽'은 흔히 발생하는 현상입니다. 비버형 배우자와 돌고래형 배우자 사이에는 다음과 같은 오해가 생길 수 있습니다.
- **비버형 배우자**: "왜 항상 감정적으로 반응하고 객관적인 사실은 고려하지 않니?"
- **돌고래형 배우자**: "당신은 항상 차갑고 감정이 없어 보여요. 내 기분은 전혀 신경쓰지 않는 것 같아요."

동상이몽 성격유형을 통해 이런 차이를 인식하면, 서로의 관점이 다르다는 것을 객관적으로 이해하고, 이를 개인적인 공격이나 무관심으로 해석하지 않게 됩니다. 이는 갈등 해소와 더 깊은 이해를 위한 첫걸음이 될 수 있습니다. 성격 차이를 객관화하고 시각화하는 접근법은 다음과 같은 효과가 있습니다.

- **메타인지 향상**: 자신과 타인의 행동 패턴을 객관적으로 인식하는 능력이 향상됩니다.
- **갈등 감소**: 개인적 공격이 아닌 성격 차이로 인한 오해임을 인식함으로써 방어적 반응이 줄어듭니다.
- **공감 능력 증가**: 타인의 관점과 필요를 더 깊이 이해하게 됩니다.
- **효과적인 의사소통**: 상대방의 성격 유형에 맞는 소통 방식을 선택할 수 있게 됩니다.

특히 아동 및 청소년 발달 연구에서는, 부모가 자녀의 기질과 성격을 이해하고 이에 맞게 양육 방식을 조정할 때 자녀의 정서적 안정감과 자기 효능감이 크게 향상되는 것으로 나타났습니다.

성격유형 이해를 가정에서 실천하기 위한 몇 가지 구체적인 방법을 제안합니다.

- **가족 성격유형 맵 만들기**: 가족 구성원 각자의 성격유형을 확인하고, 이를 시각적으로 표현한 '가족 맵'을 만들어 보세요. 이는 서로의 차이를 객관화하고 인정하는 첫 단계가 됩니다.
- **성격유형별 의사소통 전략 개발하기**: 각 유형에 맞는 소통 방식을 배우고 실천해보세요. 예를 들어, 비버형 자녀에게는 논리적인 설

명을, 돌고래형 자녀에게는 감정적 연결을 중시하는 대화를 시도해볼 수 있습니다.
- **갈등 상황에서의 성격유형 인식하기**: 갈등이 발생했을 때, "이것은 우리의 성격 차이에서 오는 것일 수 있다."라고 인식하는 습관을 들이세요. 이는 갈등을 개인화하지 않고 객관적으로 바라볼 수 있게 해줍니다.
- **가족 회의에 성격유형 관점 도입하기**: 정기적인 가족 회의에서 각자의 성격유형에 따른 니즈와 의견을 나누는 시간을 가져보세요. 이는 서로에 대한 이해를 깊게 하고, 가족 결정에 모든 구성원의 관점이 반영되도록 도와줍니다.

가족 관계의 핵심은 소통에 있습니다. 그리고 진정한 소통은 서로의 차이를 인정하고 이해하는 데서 시작됩니다. 동상이몽 성격유형은 이러한 차이를 쉽고 명확하게 시각화하여, 가족 구성원들이 서로를 더 깊이 이해할 수 있는 공통 언어를 제공합니다.

특히 현대 사회에서 자녀 양육과 부부 관계의 복잡성이 증가하는 가운데, 이러한 도구는 가족 구성원들이 서로의 독특한 관점과 니즈를 존중하면서도 조화롭게 공존할 수 있는 길을 제시합니다.

동상이몽이라는 말처럼, 겉으로는 같이 행동하면서도 속으로는 각각 딴생각을 하고 있을 수 있습니다. 하지만 이 차이를 이해하고 인정할 때, 진정한 소통과 연결이 시작됩니다. 동상이몽 성격유형을 통해 여러분의 가정에서도 더 깊은 이해와 풍요로운 관계의 여정을 시작하시길 바랍니다.

우리 가족은 어떤 유형일까?
(자가진단 테스트)

"가족의 다양한 성격유형은 같은 정원에 심어진 다른 꽃과 같다. 각자의 방식으로 아름답다."

– 데이비드 키어시

어떤 기질을 가지고 태어난 아이가 외부와의 상호작용을 통해 형성되는 게 성격입니다. 성격은 일반적으로 전두엽이 폭발적으로 성장하는 3세부터 형성되기 시작하는 것으로 알려져 있습니다.

성격을 이해하는 것이 왜 중요할까요? 그것은 아이의 행동과 감정을 부모가 더 잘 해석할 수 있도록 돕기 때문입니다. 예를 들어, 강한 주도성을 가진 사자형 아이가 부모의 지시를 따르지 않는다고 해서 '고집이 세다'고 단정짓는 것은 옳지 않습니다. 사실 그 아이는 독립심이 강하고, 스스로 결정하고 싶어하는 성향일 수 있습니다. 만약 부모가 그 아이에게 충분한 선택권을 주면서도 책임을 강조하는 방향으로 접근한다면, 아이는 더욱 건강하게 성장할 수 있을 것입니다.

또한 감정적인 돌고래형 아이가 하루에도 몇 번씩 기분이 바뀌는 것을 보고 부모가 '변덕스럽다'고 판단할 수도 있습니다. 하지만 이 아이는 감정에 예민하고 풍부한 상상력을 가진 아이일 가능성이 큽니다. 만약 부모가 아이의 감정을 존중하고, 기분을 조절하는 방법을 함께 연습한다면, 아이는 감성적이면서도 균형 잡힌 사고를 가진 어른으로 성장할 수 있을 것입니다.

이처럼 아이의 성향을 이해하면, 부모는 불필요한 갈등을 줄일 수 있고, 아이는 부모의 기대에 맞추려고 스트레스를 받지 않아도 됩니다. 육아는 부모가 원하는 아이를 만드는 과정이 아니라, 아이의 성장을 돕는 과정이라는 점을 기억하세요.

강아지는 친근하고, 비버는 집을 잘 짓고, 사자는 무리를 이끌고, 돌고래는 유연하게 대처합니다. 부모가 아이의 성향을 올바로 이해하면, 불필요한 갈등을 줄이고 아이의 강점을 키워줄 수 있습니다. 이제 우리 가족이 어떤 동물 유형인지 함께 알아보세요.

우리 가족은 어떤 동물유형일까요? [자가진단 테스트]

본 검사는 빅파더연구소에서 개발한 동상이몽 성격유형으로 성격을 동물에 비유한 것이 특징입니다. 성격의 시각화를 통해 특징 파악이 쉽고 특히 성격유형간 관계를 쉽게 파악할 수 있는 장점이 있습니다. 이제 아래의 간단한 자가진단 테스트를 통해, 우리 가족의 성격 유형을 알아보세요. 보다 자세한 성격유형검사를 원할 경우 빅파더연구소에서 개발한 〈동상이몽 성격유형검사지〉나 〈동상이몽 성격유형카드〉를 활용하면 됩니다.

동상이몽 성격유형검사 [아동용]

아동용 동상이몽 성격유형검사는 외향(E)/내향(I), 사고(T)/감정(F)각각 5문항씩 총 20문항으로 구성되어 있습니다. 일반적으로 초등 3학년~중학생까지를 대상으로 하는 검사에 적합합니다.

아래 문항에 대해 1점~5점 척도 구분을 보고 각 문항의 척도에 해당하는 점수를 표기하고 각 합계를 구하면 됩니다.

1. 외향(E)/내향(I) 검사

척도 구분: 매우 그렇다(5점), 그런 편이다(4점), 보통이다(3점), 그렇지 않은 편이다(2점), 매우 그렇지 않다(1점)

구분	문항	점수	구분	문항	점수
외향(E)	활발하고 사교적인 편이다.		내향(I)	조용하고 신중한 편이다.	
	자기 기분을 잘 드러내는 편이다.			자기 기분을 잘 드러내지 않는 편이다.	
	새로운 친구들을 만나는 것을 즐긴다.			새로운 친구들을 만나면 처음에는 어색해 한다.	
	친구들과 같이 공부하는 것을 좋아한다.			조용히 혼자 공부하는 것을 좋아한다.	
	듣기보다 이야기 하기를 더 좋아하는 편이다.			이야기 하기보다 듣기를 더 좋아하는 편이다.	
	합계			합계	

2. 사고(T)/감정(F)검사

척도 구분: 매우 그렇다(5점), 그런 편이다(4점), 보통이다(3점), 그렇지 않은 편이다(2점), 매우 그렇지 않다(1점)

구분	문항	점수	구분	문항	점수
사고 (T)	궁금한 일이 있으면 친구가 불편해 하더라도 질문을 하는 편이다.		감정 (F)	궁금하더라도 친구가 불편해 하면 질문을 하지 않는 편이다.	
	부모님께 야단 맞을 때 혼나더라도 그 이유를 묻는 편이다.			부모님께 야단 맞을 때 이유를 묻기보다 일단 잘못했다고 이야기를 하는 편이다.	
	불쌍한 사람을 보면 어떤 사연이 있는지 궁금해 한다.			불쌍한 사람을 보면 마음이 아프고 도와주고 싶어한다.	
	참을성과 끈기가 있다는 말을 자주 듣는다.			감정이 풍부하고 정이 많다는 말을 자주 듣는다.	
	선생님이 싫더라도 그 과목 공부를 잘할 수 있다.			선생님이 싫으면 그 과목도 공부하기 싫어한다	
	합계			합계	

3. 프로파일 작성

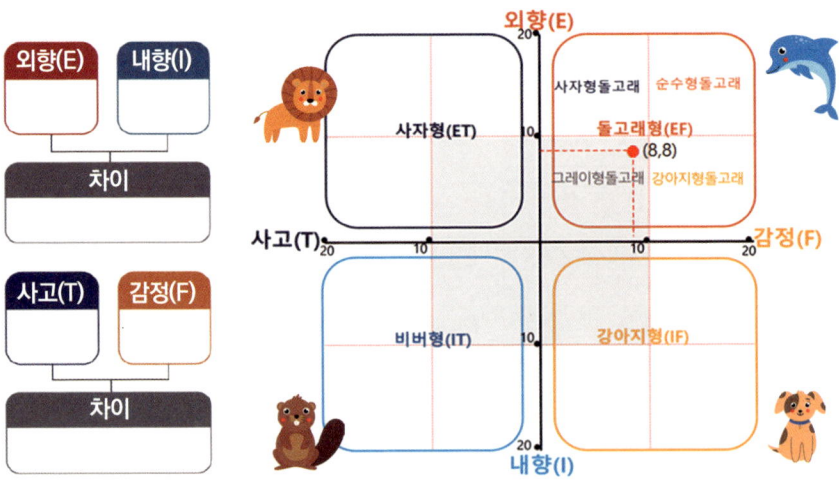

※ **작성 방법**

① 앞에서 검사한 외향(E)/내향(I), 사고(T)/감정(F)의 합계를 프로파일 좌측의 각 박스에 적습니다.

② '차이'란에는 외향(E)과 내향(I)의 점수 차이, 사고(T)와 감정(F)의 점수 차이를 적습니다.

③ 예를 들어 외향(E)이 18점, 내향(I)이 10점이라면 '차이'란에 두 점수의 차이인 8을 적고 외향이 더 컸으니 앞에 외향을 뜻하는 E를 붙인다. 즉 '차이'에 'E8'이라고 적습니다.

④ 여기서 'E8'은 외향이 내향보다 8만큼 분명하다는 선호 분명도의 의미입니다.

⑤ 이와 동일한 방식으로 사고(T)/감정(F)에 대해서도 진행한다. 예로 'T8' 나왔다고 가정해봅시다.

⑥ 위의 경우 앞에 붙어있는 ET(사자형)이 되는 것이고 위치는 우측의 그래프에서 외향축의 8점과 사고축의 8에 찍혀 두 축의 교차점이 나의 위치가 됩니다. 결국 같은 사자형이라고 하더라도 찍히는 위치가 다르니 성향이 조금씩 다를 수 있습니다.

⑦ 위의 프로파일에서 예시로 든 돌고래형의 경우 사자형 돌고래, 순수형 돌고래 강아지형 돌고래, 그레이형 돌고래로 영역이 표시가 되어 있는데 각 영역의 의미는 다음과 같습니다.

- **사자형 돌고래**: 돌고래형인데 사자형의 특징도 가지고 있는 돌고래형
- **순수형 돌고래**: 돌고래의 특징만을 순수하게 많이 가진 돌고래형
- **강아지형 돌고래**: 돌고래형인데 강아지형의 특징도 가지고 있는 돌고래형

● **그레이형 돌고래**: 돌고래형이지만 돌고래형의 특징이 뚜렷하지 않은 돌고래형

동상이몽 성격유형검사 [일반용]

일반용 동상이몽 성격유형검사는 외향(E)/내향(I), 사고(T)/감정(F) 각각 7문항씩 총 28문항으로 구성되어 있습니다. 일반적으로 고등학생~일반인을 대상으로 하는 검사에 적합합니다.

아래 문항에 대해 1점~5점 척도 구분을 보고 각 문항의 척도에 해당하는 점수를 표기하고 각 합계를 구하면 됩니다.

1. 외향(E)/내향(I) 검사

척도 구분: 매우 그렇다(5점), 그런 편이다(4점), 보통이다(3점), 그렇지 않은 편이다(2점), 매우 그렇지 않다(1점)

구분	문항	점수	구분	문항	점수
외향 (E)	나는 듣기보다 대화를 주도하는 편이다.		내향 (I)	나는 대화를 주도하기 보다 주로 듣는 편이다.	
	사람들은 내가 무슨 생각을 하는지 금방 알아차린다.			사람들은 내가 무슨 생각을 하는지 잘 모르겠다고 이야기 한다.	
	나는 여러 사람들과의 폭넓은 만남을 즐긴다.			나는 소수의 사람들과의 깊은 만남을 즐긴다.	
	나는 야외에서 신체활동을 해야 에너지가 충전된다.			나는 실내에서 혼자 조용히 쉬어야 에너지가 충전된다.	
	나는 과감하고 신속하게 일을 추진한다.			나는 신중하고 차분하게 일을 진행한다.	
	나는 다른 사람들과 함께 일하기를 더 좋아한다.			나는 혼자 또는 소수의 사람들과 일하는 것을 더 좋아한다.	
	나는 행동을 먼저하고 후회하는 경우가 종종 있다.			나는 생각만 하고 행동을 못해 후회하는 경우가 종종 있다.	
	합계			합계	

2. 사고(T)/감정(F)검사

구분	문항	점수	구분	문항	점수
외향 (E)	나는 내가 옳다고 생각하면 나의 뜻대로 의사결정을 하는 편이다.		내향 (I)	나는 내가 옳더라도 상대방의 입장을 생각하여 의사결정을 하는 편이다.	
	나는 옳고 그름이 분명하며 때로는 비판적이다.			나는 조화와 관계를 중시하며 수용적이다.	
	나는 타인의 감정이 상하더라도 하고 싶은 말은 하는 편이다.			나는 타인의 감정을 상하게 하는 것이 불편하여 하고 싶은 말을 참는 편이다.	
	나는 관계보다는 과업 달성이 더 중요하다고 생각한다.			나는 관계와 조화 속에서 과업 달성이 가능하다고 생각한다.	
	나는 정직하고, 직선적으로 피드백 하는 편이다.			나는 격려와 긍정적인 피드백을 하는 편이다.	
	나는 원칙적이고 융통성이 부족하다는 말을 자주 듣는 편이다.			나는 상황에 따라 유연하게 융통성을 발휘하는 편이다.	
	나는 머리로 이해하고 판단하는 편이다.			나는 가슴으로 공감하고 판단하는 편이다.	
	합계			합계	

3. 프로파일 작성 (작성 방법은 아동용 참고)

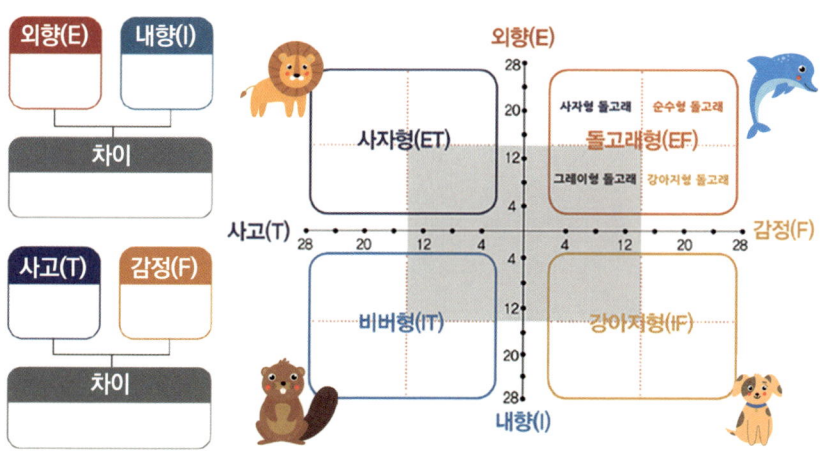

※ 참고사항

- 사자형(ET)과 돌고래형(EF)의 공통점은 외향(E)이다.
- 강아지형(IF)과 비버형(IT)의 공통점은 내향(I)이다.
- 사자형(ET)과 비버형(IT)의 공통점은 사고(T)이다.
- 돌고래형(EF)과 강아지형(IF)의 공통점은 감정(F)이다.

각 성격유형의 핵심 특징

유형별	추구하는 삶	핵심 강점	핵심 가치	핵심 기피	핵심 약점	동기 부여
사자형	주도적인 삶	결단력 추진력	영향력 힘	명령 방해	공감능력 부족	목표지향 칭찬
돌고래형	즐거운 삶	설득력 친화력	재미 멋	무시 차별	계획성 부족	관계지향 칭찬
강아지형	평화로운 삶	인내력 수용력	안정 평화	갈등 압박	결단력 부족	친밀한 감사표현
비버형	신뢰받는 삶	관찰력 비판력	신뢰 완벽	나섬 비난	융통성 부족	신중한 피드백

사자형(ET)

- 목표를 세우고 성취하려는 의지가 강하다.
- 스스로 결정하고 주도적으로 행동하는 것을 좋아한다.
- 경쟁을 즐기며 도전적인 상황에서 동기를 느낀다.
- 자신의 의견을 강하게 주장하는 편이다.
- 문제해결을 빠르게 하려 하고 결과를 중시한다.

돌고래형(EF)

- 감성이 풍부하고 공감을 잘한다.
- 창의적인 활동(그림, 음악, 이야기 만들기)을 좋아한다.
- 친구들과 어울리는 것을 즐기며 관계를 중시한다.
- 분위기와 감정에 따라 행동이 달라질 때가 있다.
- 새로운 것을 배우거나 경험하는 것을 좋아한다.

강아지형(IF)

- 사람들과 잘 어울리며 협력하는 것을 좋아한다.
- 칭찬과 격려를 받으면 더 열심히 하려고 한다.
- 친구들을 돕는 것이 기쁘고, 다투는 것을 피하려고 한다.
- 많은 친구들보다는 소수의 친한 친구들과의 만남을 좋아한다.
- 상대방의 기분을 잘 살피고 배려하는 편이다.

비버형(IT)

- 계획을 세우고 정해진 규칙을 따르는 것이 좋다.
- 정리 정돈을 잘하고 질서를 유지하려고 한다.
- 실수를 싫어하며 정확하게 하려고 노력한다.
- 논리적으로 사고하고 문제를 차근차근 해결하는 편이다.
- 규칙을 중요하게 생각하며 약속을 잘 지킨다.

부모의 성격이 아이에게 미치는 영향

"아이는 사랑받을 때 성장하고, 이해받을 때 스스로를 표현하며, 존중받을 때 세상을 존중하는 법을 배운다."

– 마리아 몬테소리

부모의 성격은 아이의 성장과 성향에 큰 영향을 미칩니다. 부모가 어떤 성격유형이냐에 따라 아이와의 관계 형성 방식, 대화법, 훈육 스타일 등이 달라집니다.

 **사자형 부모**: 리더십이 강하지만 아이를 너무 통제할 수도 있습니다.

특징
- 목표 지향적이며 성취 욕구가 강하다.
- 빠른 결단력과 강한 추진력을 가지고 있다.

- 높은 기대치를 설정하며, 아이에게 도전적인 목표를 부여한다.
- 아이가 독립적이고 강한 정신력을 기르기를 원한다.
- 직설적이고 단호한 말투를 사용한다.

장점

- 아이에게 책임감과 도전 정신을 길러준다.
- 명확한 목표 설정과 성취 전략을 가르칠 수 있다.
- 어려운 상황에서도 아이가 포기하지 않고 끝까지 해내는 태도를 배우게 한다.

단점

- 아이에게 지나치게 높은 기대를 하여 부담을 줄 수 있다.
- 감정보다는 결과를 중시하여, 아이가 감정을 표현하기 어려워할 수도 있다.
- 아이가 부모의 통제를 벗어나려고 하면서 반항심이 커질 가능성이 있다.

보완 방법

- 아이의 감정을 인정하고 공감하는 태도를 기른다.
- 지나친 통제보다는 자율성을 존중하는 균형 잡힌 리더십을 발휘한다.
- 아이가 작은 성취에도 만족감을 느낄 수 있도록 격려한다.

돌고래형 부모: 감성이 풍부하지만 아이에게 휘둘릴 수도 있습니다.

특징
- 감정이 풍부하며 공감 능력이 뛰어나다.
- 아이와 친밀한 관계를 유지하려 노력한다.
- 창의적인 활동과 유연한 교육 방식을 선호한다.
- 자유로운 분위기에서 아이가 스트레스를 받지 않기를 바란다.
- 감정적으로 반응하는 경향이 있으며, 아이의 기분을 중요하게 여긴다.

장점
- 아이의 감정을 잘 이해하고 공감해준다.
- 창의력과 상상력을 키울 수 있는 환경을 제공한다.
- 아이와 친구 같은 관계를 형성하며, 따뜻한 소통이 가능하다.

단점
- 아이가 원하는 것을 다 들어주다 보면 부모로서의 권위를 잃을 수 있다.
- 아이의 감정 기복에 따라 부모도 흔들릴 수 있다.
- 규칙을 강조하지 않으면 아이가 책임감을 기르기 어려울 수도 있다.

보완 방법

- 감정적인 소통뿐만 아니라 논리적인 가이드를 함께 제공한다.
- 아이가 원하는 것을 다 들어주는 대신, 일정한 기준을 세운다.
- 자유를 주되, 규칙과 책임의 균형을 맞춘다.

강아지형 부모: 사랑이 넘치지만 아이가 의존적으로 클 수도 있습니다.

특징
- 아이를 최우선으로 생각하며, 무조건적인 사랑을 준다.
- 아이가 상처받지 않도록 보호하려 한다.
- 아이의 행복이 가장 중요한 가치라고 여긴다.
- 갈등을 피하려고 하고, 아이의 요구를 쉽게 들어준다.

장점
- 아이가 정서적으로 안정된 환경에서 성장할 수 있다.
- 부모와의 신뢰가 깊어지고, 아이가 편안함을 느낀다.
- 아이가 다른 사람을 배려하고 공감하는 능력을 배울 수 있다.

단점
- 아이가 부모에게 의존하게 되어 독립성이 부족할 수 있다.
- 갈등을 피하려다 보니, 아이가 규칙과 한계를 배우지 못할 가능성

이 있다.
- 아이가 원하는 것을 쉽게 얻다 보니 인내심이 부족해질 수 있다.

보완 방법
- 아이가 스스로 문제를 해결할 기회를 준다.
- 부모의 역할과 친구의 역할을 구분하여 지도한다.
- 아이에게 규칙과 책임감을 가르치는 연습을 한다.

비버형 부모: 규칙을 중시하지만 너무 엄격할 수도 있습니다

특징
- 규칙과 원칙을 중요하게 여긴다.
- 논리적이고 체계적인 교육 방식을 선호한다.
- 정확성과 계획적인 생활 습관을 강조한다.
- 감정보다 객관적인 사실을 중시하는 경향이 있다.

장점
- 아이가 체계적이고 논리적인 사고를 기를 수 있다.
- 규칙과 책임감을 중요하게 여기는 태도를 배울 수 있다.

단점

- 지나치게 엄격하면 아이가 스트레스를 받을 수 있다.
- 창의성과 유연성이 부족할 수 있다.

보완 방법

- 감정을 인정하고, 공감하는 표현을 연습한다.
- 융통성을 갖고 상황에 따라 조정하는 태도를 기른다.

제2장

자녀 성격유형별 대화법 및 코칭

성격유형별 대화법: 내 아이에게 맞는 소통 방식

"아이에게 가장 필요한 것은 가르침이 아니라, 그들의 감정을 이해하고 공감하는 것이다."

– 칼 융

아이의 성격에 따라 효과적인 대화 방식이 다릅니다. 부모가 자신의 방식만 고집하는 것이 아니라, 아이의 성향을 고려한 맞춤형 대화법을 적용하면 부모와 아이의 관계가 더욱 깊어지고, 신뢰가 쌓이며, 갈등이 줄어듭니다. 각 성격유형별 효과적인 대화법을 살펴보겠습니다.

 **사자형 아이와 대화하는 법**: 강한 주장 대신 논리적으로 설득하기

사자형 아이의 대화 특징
- 자신의 의견을 강하게 주장하며 논쟁을 즐긴다.

- 지시받는 것을 싫어하고 스스로 결정하는 것을 선호한다.
- 빠른 결론을 원하며, 비효율적인 대화를 답답해한다.
- 논리적인 근거가 있는 대화를 좋아한다.
- 강한 어조로 말해도 그것이 갈등이라고 생각하지 않는다.

효과적인 대화법

- **명확한 논리와 근거를 제시하자.** – "너는 왜 그렇게 생각해?"라고 물으며 아이가 자신의 논리를 정리하도록 유도하고, 부모도 감정적인 접근보다는 객관적인 이유를 설명하는 것이 중요합니다.
- **선택권을 제공하자.** – 지시형 대화는 사자형 아이에게 반발심을 일으킬 수 있습니다. "이 방법과 저 방법 중 어떤 것이 더 좋을까?"와 같이 아이가 선택하도록 유도하는 것이 효과적입니다.
- **논쟁을 감정적으로 받아들이지 않도록 하자.** – 사자형 아이는 논쟁을 좋아하지만, 감정적으로 크게 동요하지 않습니다. 부모도 감정을 섞지 않고 논리적으로 대응하는 것이 중요합니다.
- **도전적인 목표를 활용하자.** – "네가 이 문제를 해결할 수 있을까?"와 같이 도전적인 질문을 던지면 사자형 아이는 동기부여를 받습니다.

대화 사례

부모 "숙제를 안 하고 놀면 성적이 떨어질 거야. 그러면 네 목표인 반 1등이 어려워지지 않겠어?"

아이 "하지만 지금 피곤해서 하고 싶지 않아요."

부모 "그럼 네가 정해봐. 지금 30분 놀고 숙제를 할래, 아니면 먼저 숙제를 끝내고 편하게 놀래?"
아이 "음…, 숙제 먼저 끝내고 나중에 오래 놀래요!"

 **돌고래형 아이와 대화하는 법**: 감정을 공감하고 신뢰 쌓기

돌고래형 아이의 대화 특징
- 감정이 풍부하고 공감을 중요하게 여깁니다.
- 대화 중 감정을 공유하며 부모가 자신의 감정을 알아주기를 원합니다.
- 논리보다는 분위기와 관계를 중시하며, 정서적인 유대가 깊은 사람의 말을 더 잘 따릅니다.
- 즉흥적이고 자유로운 대화를 선호하며, 엄격한 규칙을 강요하면 반감을 가질 수 있습니다.

효과적인 대화법
- 감정을 먼저 인정하고 공감하자. – "네가 그렇게 느꼈구나.", "그 상황에서 속상했겠구나."와 같이 아이의 감정을 먼저 수용해 주는 것이 중요합니다.
- 강요하는 대신 함께 해결 방법을 찾아보자. – "이렇게 하면 어떨까?", "네 생각은 어때?"라고 물으며 아이가 자연스럽게 답을 찾도록 유도하면 더 효과적입니다.

- 이야기하는 분위기를 부드럽게 만들자. – 형식적인 대화보다 놀이, 산책, 그림 그리기 등의 활동을 하면서 자연스럽게 이야기를 나누면 돌고래형 아이는 더 열린 마음으로 대화합니다.
- 칭찬과 긍정적인 피드백을 자주 하자. – "네가 친구를 배려하는 모습이 정말 멋졌어."처럼 긍정적인 말이 아이의 자신감을 키우는 데 도움이 됩니다.

대화 사례

아이 "친구들이 나를 무시하는 것 같아요…."
부모 "그랬구나, 많이 속상했겠네."
아이 "네, 그냥 학교 가고 싶지 않아요."
부모 "너를 무시한 친구들에게 어떻게 하고 싶어?"
아이 "모르겠어요. 그냥 말도 하기 싫어요."
부모 "그럴 수도 있지. 하지만 네 생각과 감정을 표현하는 것도 중요해. 다음에 같은 상황이 생기면 어떻게 하면 좋을까?"

 강아지형 아이와 대화하는 법: 사랑을 표현하면서도 독립성 키우기

강아지형 아이의 대화 특징
- 부모의 사랑과 인정이 가장 중요한 요소입니다.
- 칭찬과 격려를 받을 때 더 활기차고 적극적으로 행동합니다.

- 감정을 쉽게 표현하며, 부모가 자신을 어떻게 생각하는지 신경을 많이 씁니다.
- 비판이나 부정적인 피드백을 받을 때 쉽게 위축될 수 있습니다.
- 다툼을 피하려 하며, 상대방의 기분을 먼저 살핍니다.

효과적인 대화법
- **사랑과 지지를 지속적으로 표현하자.** – "네가 정말 소중해.", "엄마(아빠)는 항상 네 편이야."와 같은 말이 강아지형 아이에게는 강한 힘이 됩니다.
- **자기 의견을 말하도록 유도하자.** – "넌 어떻게 생각해?"라고 자주 물어보며 자신의 의견을 표현하는 연습을 하게 합니다.
- **적절한 비판과 갈등 해결법을 가르치자.** – 강아지형 아이는 부정적인 말을 들으면 상처받기 쉬우므로, 비판보다는 개선 방향을 제시하며 부드럽게 이야기하는 것이 좋습니다. 예를 들어 "이렇게 하면 더 좋을 것 같아."라고 말하면 부담이 덜합니다.
- **혼자서 해결하는 경험을 늘려 독립성을 키우자.** – "이 일은 네가 한번 해볼래?"라고 하며 혼자 결정하고 실행하는 기회를 주면 강아지형 아이의 독립성을 길러줄 수 있습니다.

대화 사례
아이 "엄마, 나 이거 못할 것 같아. 도와주세요."
부모 "엄마/아빠가 도와주고 싶지만, 네가 먼저 해 보면 어떨까?"
아이 "그래도 잘 안 되면요?"

부모 "그럼 그때 엄마/아빠한테 다시 이야기해. 넌 충분히 할 수 있을 거야!"

 비버형 아이와 대화하는 법: 논리적 소통과 감성 조화를 맞추기

비버형 아이의 대화 특징
- 논리적이고 체계적인 대화를 좋아하며, 감정적인 접근을 어려워할 수 있습니다.
- 명확한 규칙과 질서를 중시하며, 구조화된 대화를 선호합니다.
- 즉흥적인 대화보다는 계획된 방식으로 이야기하는 것이 효과적입니다.
- 세부적인 내용을 꼼꼼히 따지며, 정확한 정보를 원합니다.
- 감정보다는 사실을 기반으로 결론을 내리는 경향이 있습니다.

효과적인 대화법
- **논리적이고 구체적인 설명을 하자.** – "네가 이 방법을 선택하면 이런 결과가 나올 거야."처럼 원인과 결과를 논리적으로 설명하면 비버형 아이가 쉽게 납득할 수 있습니다.
- **명확한 규칙을 세우고 일관되게 적용하자.** – 비버형 아이는 예측 가능한 환경에서 안정감을 느낀다. "이 규칙은 네가 이해한 것처럼 적용될 거야."라고 명확하게 설명해 주면 신뢰가 형성됩니다.
- **감정을 표현하는 연습을 함께 하자.** – 비버형 아이는 감정보다는

논리에 집중하는 경향이 있어, "이 상황에서 네 기분은 어땠어?"라고 질문하며 감정을 표현하는 기회를 제공하는 것이 좋습니다.
- **세부 사항까지 존중하자.** – "네가 그 부분을 중요하게 생각하는 이유가 있겠지?"라고 말하며 아이가 꼼꼼하게 따지는 성향을 존중하면, 부모와의 신뢰가 깊어집니다.
- **즉흥적인 상황에서도 유연하게 대처하는 연습을 시키자.** – "만약 계획이 바뀌면 어떻게 할까?"와 같은 질문을 통해 변화를 받아들이는 연습을 하게 하면 융통성이 길러집니다.

대화 사례

아이 "왜 꼭 이렇게 해야 해요?"

부모 "이 방법이 더 효율적이기 때문이야. 네가 원하는 결과를 얻는 데 도움이 될 거야."

아이 "그래도 저는 다른 방법이 더 좋을 것 같아요."

부모 "좋아, 네 방법도 한번 시도해 보고, 두 가지 방법을 비교해보자. 어떤 것이 더 효과적인지 확인하는 것도 좋을 거야."

아이의 성격 유형에 따라 적절한 대화 방식을 적용하면 부모와 아이의 관계는 더욱 건강하고 원활해집니다. 각 아이가 가진 성향을 존중하면서도 균형 잡힌 소통을 통해 성장할 수 있도록 도와주는게 중요합니다.

성격유형별 자녀 사용 설명서

> "각 성격유형의 아이들은 서로 다른 정서적 언어로 소통한다. 현명한 부모는 그 언어를 배운다."
>
> — 게리 채프먼

본 내용은 빅파더연구소에서 300여 명의 중학생을 대상으로 진행한 '동상이몽 성격유형 워크숍'의 결과를 체계적으로 정리한 자료입니다. 4가지 성격유형별로 청소년들이 '우리는 이렇게 대해 주면 스스로 잘할 수 있다.'는 주제 아래 부모님께 바라는 요구사항을 각 유형별로 10가지씩 담았습니다.

부모님께서는 이 내용을 통해 자녀의 고유한 성향을 이해하고 그에 맞게 상호작용하시면, 자녀의 내적 동기를 강화하고 부모-자녀 관계의 질을 향상시킬 수 있습니다. 더불어, 이 자료를 함께 살펴본 후에 자녀에게 '나 사용 설명서'를 직접 작성해보도록 제안해 보세요. 이는 자녀가 자신의 성격을 이해하고 표현하는 의미 있는 경험이 될 것입니다.

사자형 자녀

사자형 자녀는 독립적이고 목표 지향적이며 도전적인 성향을 가지고 있습니다. 이들은 부모로부터 인정과 격려를 받으며, 자신이 주도권을 가질 수 있도록 존중받길 원합니다. 사자형 자녀는 자신이 통제권을 가지고 있다고 느낄 때 동기부여가 됩니다. 부모가 지나치게 간섭하거나 지시하면 반발할 가능성이 높으므로, 자율성을 존중하는 방식으로 표현하는 것이 효과적입니다.

1. 믿고 인정해주세요.
2. 강압적으로 대하지 말아주세요.
3. 무언가에 집중할 때는 건드리지 말아주세요.
4. 내가 하고 싶은 대로 하게 해주세요.
5. 시·공간을 침범하지 말아주세요.
6. 말보다 행동으로 직접 보여주세요.
7. 좋고 싫음을 분명하게 말해주세요.
8. 한 번 결정된 사실을 번복하거나 변경하지 말아주세요.
9. 잘못을 인정하면 쿨하게 용서해주세요.
10. 참견 대신 무관심하게 대해주세요.

돌고래형 자녀

돌고래형 자녀는 사람들과의 관계를 중요하게 여기고, 감정을 표현하며, 즐거운 분위기를 선호하는 성향이 있습니다. 이들은 부모로부터 인정과 관심을 받고 싶어 하며, 긍

정적인 피드백과 격려에 크게 반응합니다. 돌고래형 자녀는 감정을 공유하고 관심을 받는 것을 중요하게 생각하므로, 부모가 아이의 이야기와 감정을 적극적으로 공감하며 표현해 주는 것이 효과적입니다. 이들에게는 단순한 칭찬보다 "네가 ~해서 좋았어."같은 구체적인 피드백이 더욱 의미 있게 다가갑니다.

1. 인정해 주는 말, 칭찬해 주는 말을 많이 해주세요.
2. 시간 엄수에 대해 강요하지 말아주세요. [특히 놀 때!]
3. 분위기에 잘 호응해 주고 맞춰주세요.
4. 내 이야기를 잘 들어주시고 공감해주세요.
5. 하기 싫은 일 억지로 시키지 마시고 기다려주세요.
6. 나에게 자유, 여유를 주세요. [예: 시간, 용돈 등]
7. 내가 한 일을 지적하지 말고 칭찬하고 격려해주세요.
8. 이유를 꼬치꼬치 캐묻지 말아주세요.
9. 내가 한 일이나 결정한 일을 무시하지 마세요.
10. "지금도 괜찮아, 잘하고 있어."라고 응원해주세요.

강아지형 자녀

강아지형 자녀는 타인을 배려하고 조화를 중요하게 여기며, 책임감 있고 성실한 성향을 가지고 있습니다. 이들은 부모로부터 안정감과 신뢰를 느낄 수 있는 말, 노력과 헌신을 인정받는 말을 듣고 싶어 합니다. 강아지형 자녀는 부모의 인정과 신뢰를 받을 때 안정감을 느끼고, 타인을 돕는 것을 가치 있게 여

갑니다. 따라서 부모는 아이의 헌신과 배려심을 구체적으로 칭찬해 주고, 실수에 대한 부담감을 줄여주는 표현을 자주 사용하면 좋습니다.

1. 다그치기보다는 칭찬을 많이 해주세요.
2. 고칠 점이 있다면 완곡하게 표현해주세요.
3. 다른 사람에게 꼭 좋은 사람으로 보일 필요가 없음을 거듭 알려주세요.
4. 의견을 말했을 때 의견의 좋은 부분을 먼저 공감해주세요.
5. 좋은 결과를 내도록 압박하지 말아주세요.
6. 여러 가지 도전을 할 수 있도록 격려해 주시고 응원해주세요.
7. 항상 나름대로 고민하고 노력하고 있음을 알아주세요.
8. 놀 때는 마음껏 신나게 놀 수 있도록 풀어주세요.
9. 언제나 내 편이 있음을 느끼게 해주세요.
10. 솔직한 마음을 듣고 싶을 때, 말보다 편지로 표현하게 해주세요.

비버형 자녀

비버형 자녀는 논리적이고 신중하며 완벽을 추구하는 성향을 가지고 있습니다. 이들은 부모로부터 자신의 노력과 정확성을 인정받고, 세심하게 배려 받는 말을 듣고 싶어 합니다. 비버형 자녀는 자신의 지적 능력과 분석력을 인정받을 때 동기부여가 됩니다. 또한 실수에 대한 두려움이 클 수 있으므로 "완벽하지 않아도 괜찮아."와 같은 격려의 말을 자주 해주면 부담을 덜 수 있습니다.

1. 사소한 약속이라도 꼭 지켜주세요.
2. 적절한 보상과 칭찬을 해주세요.
3. 비난 대신 격려를 해주세요.
4. 과정과 결과를 함께 칭찬해주세요. **[적절한 피드백]**
5. 필요 수준의 도움만 주세요. **[과도한 관심과 도움 사절]**
6. 내가 하는 일에 참견(지나치고, 타당하지 않은)은 삼가주세요.
7. 시간 약속은 꼭 지켜주세요.
8. 사과할 때는 반드시 타당한 이유를 얘기해주세요.
9. 나의 일과 계획을 인정해주세요.
10. 부탁할 때, 진지하게 경청해 주시고 작은 부탁이라도 들어주세요.

정서 코칭: 아이의 감정을 이해하고 소통하기

> "기분이 좋을 때도 있고, 안 좋을 때도 있어. 하지만 모든 감정은 소중해."　　－〈인사이드 아웃(Inside Out, 2015, 조이)〉

아이들은 각기 다른 성격을 가지고 있으며, 감정을 표현하고 다루는 방식도 다릅니다. 부모가 아이의 성격 유형에 맞춰 감정을 이해하고 코칭해 준다면, 아이는 건강하게 정서적으로 성장할 수 있습니다. 성격 유형에 따라 감정을 표현하는 방식과 감정 조절 능력이 다르므로, 맞춤형 접근이 필요합니다.

 감정을 표현하지 않는 사자형 아이, 어떻게 도와줄까?

사자형 아이의 감정 특징
- 강한 리더십과 독립성을 가지고 있으며, 감정보다는 목표를 중시

합니다.
- 자신의 약점을 보이기 싫어해 감정을 숨기거나 무시하는 경향이 있습니다.
- 속으로는 스트레스를 받지만 겉으로 표현하지 않아 감정이 쌓일 수 있습니다.
- 타인의 감정을 이해하는 것이 어려울 수 있으며, 직접적인 피드백을 선호합니다.

사자형 아이를 위한 정서 코칭 방법
- 감정을 표현해도 약점이 아니라는 것을 알려주기
- 감정의 이름을 정확히 알려주고, 자신의 감정을 표현하는 연습하기
- 지나친 경쟁심이 감정 억제로 이어지지 않도록 지도하기
- 감정을 말로 표현하기 어려워하면 글이나 그림을 활용하기
- 감정을 표현하는 것은 자신을 더 강하게 만든다는 점을 강조하기

사례
(사자형 아이가 속상한 일이 있어도 말하지 않을 때)
아이 (학교에서 친구와 다투고 왔지만 아무 말 없이 방으로 들어감)
부모 "오늘 학교에서 힘든 일이 있었구나?"
아이 "아니요. 아무렇지도 않아요."
부모 "네 표정이 평소랑 달라 보여. 엄마/아빠는 네가 무슨 생각을 하는지 궁금해."
아이 "그냥, 친구랑 좀 안 맞았어요."

부모 "친구랑 다툴 수도 있지. 어떤 일이 있었는지 이야기해줄래."

아이 "음…, 내가 의견을 말했는데 친구가 반대했어요. 내가 틀렸다고 하더라고요."

부모 "네가 인정받고 싶었는데 친구가 반박하니까 속상했구나."

아이 "네, 하지만 저는 괜찮아요."

부모 "네가 강한 아이라는 걸 알아. 하지만 감정을 표현하는 것도 강한 사람이 하는 일이야."

감정 기복이 심한 돌고래형 아이, 어떻게 안정시킬까?

돌고래형 아이의 감정 특징
- 감정 표현이 풍부하고, 기분에 따라 행동이 크게 달라집니다.
- 긍정적일 때는 활발하고 밝지만, 부정적인 감정이 들면 쉽게 위축됩니다.
- 감정이 오락가락하여 주변 사람이 이해하기 어려울 수 있습니다.
- 즉흥적인 성향이 강해, 감정을 조절하는 연습이 필요합니다.

돌고래형 아이를 위한 정서 코칭 방법
- 감정의 변화를 자연스러운 것으로 받아들이되, 조절하는 연습을 함께하기
- 즉각적인 감정 반응을 줄이고 한 박자 쉬고 생각하는 습관 들이기

- 감정이 좋을 때와 나쁠 때의 행동 차이를 스스로 인식하게 하기
- 감정을 조절할 수 있는 루틴(예: 심호흡, 일기 쓰기 등) 만들기
- 감정을 행동으로만 표현하지 않고, 언어로 설명하는 연습하기

사례

(돌고래형 아이가 감정 기복이 심할 때)

아이 "오늘 너무 기분이 좋아요! 내일도 이렇게 행복할 거예요!"

부모 "그런 기분이 드는구나! 그런데 혹시 내일은 기분이 다를 수도 있지 않을까?"

아이 "왜요? 난 항상 행복하고 싶어요."

부모 "물론 그렇지. 하지만 기분은 날씨처럼 변할 수도 있어. 기분이 나쁠 때는 어떻게 하면 좋을까?"

아이 "음… 그냥 기분이 좋아질 때까지 기다려요."

부모 "좋아, 그리고 네가 기분을 조절하는 방법도 있단다. 음악을 듣거나, 깊이 숨을 쉬는 것도 도움이 될 거야."

쉽게 상처받는 강아지형 아이, 어떻게 보호할까?

강아지형 아이의 감정 특징

- 사람들과의 관계를 중시하며, 타인의 반응에 민감합니다.
- 작은 비판에도 상처를 쉽게 받고 위축될 수 있습니다.

- 다른 사람을 돕고 싶어 하지만, 거절당하면 크게 실망합니다.
- 충돌을 피하려는 경향이 있어 자신의 감정을 숨길 수도 있습니다.

강아지형 아이를 위한 정서 코칭 방법
- 아이가 상처받았을 때 즉시 공감해 주고 감정을 확인해주기
- 작은 비판에도 위축되지 않도록 강점을 강화해주기
- 지나치게 타인의 기분에 맞추지 않도록 자기 주장을 하는 연습하기
- 감정이 상할 때 올바르게 표현하는 방법을 가르치기
- 사람들의 반응보다 자신의 감정을 중요하게 여기는 연습하기

사례
(강아지형 아이가 친구의 말에 상처받았을 때)

아이 "엄마, 친구가 나보고 너무 조용해서 나랑 놀고 싶지 않대요."

부모 "그 말 듣고 속상했겠구나."

아이 "네…. 내가 뭐 잘못한 걸까요?"

부모 "아니야, 넌 아무 잘못도 없어. 네가 조용한 성격이라도, 널 좋아하는 친구들이 분명 있을 거야."

아이 "그래도 친구가 그렇게 말해서 기분이 안 좋아요."

부모 "그럴 땐 '나는 조용하지만, 그래도 너랑 친하게 지내고 싶어'라고 말할 수 있어."

아이 "그렇게 말하면 친구가 받아줄까요?"

부모 "한번 해보는 거야. 그리고 네 성격을 좋아해 주는 친구들도 꼭 만날 수 있을 거야."

 ## 논리적인 비버형 아이, 감성을 키우려면?

비버형 아이의 감정 특징
- 논리적이고 분석적인 사고를 하며, 감정보다는 사실과 원칙을 중시합니다.
- 감정을 드러내는 것이 서툴고, 다른 사람의 감정에도 둔감할 수 있습니다.
- 공감하는 능력을 길러야 할 필요가 있습니다.

비버형 아이를 위한 정서 코칭 방법
- 감정도 중요한 정보라는 점을 강조하기
- 감정을 표현하는 연습을 함께 하기
- 타인의 감정을 이해하는 대화법을 익히기
- 공감 능력을 기를 수 있는 책이나 이야기를 함께 보기

사례
(비버형 아이가 친구의 감정을 이해하지 못할 때)
부모 "네 친구가 속상해 보였어. 너는 어떻게 생각했어?"
아이 "왜 속상해하는지 모르겠어요."
부모 "그럴 때는 '괜찮아?'라고 물어봐 줄 수도 있어."

학습 코칭: 성격에 맞는 공부 방법 찾기

"성격에 맞는 공부법을 발견하는 순간, 학습은 노동에서 열정으로 변한다."
– 존 듀이

아이마다 성격이 다르듯이, 학습 스타일도 다릅니다. 부모가 아이의 성격에 맞는 학습법을 적용하면, 학습에 대한 흥미와 동기부여를 높일 수 있습니다. 무조건적인 강요나 획일적인 방법이 아닌, 아이의 성향을 고려한 맞춤형 학습법이 효과적입니다. 여기에서는 사자형, 돌고래형, 강아지형, 비버형 아이에게 맞는 학습법을 소개합니다.

 **사자형 아이:**
목표를 세우고 도전 의식을 자극하는 학습법

사자형 아이의 학습 특징
- 목표 지향적이며 도전적인 상황에서 동기가 생깁니다.

- 경쟁심이 강해, 다른 사람과 비교하면서 성장하는 것을 좋아합니다.
- 결과를 중요하게 여기며, 성취감을 느낄 때 가장 집중력이 높아집니다.
- 스스로 결정하고 주도적으로 공부하는 것을 선호합니다.

사자형 아이를 위한 학습 코칭 방법
- 명확한 목표를 설정하고 도전 의식을 자극하기
- 경쟁 요소를 활용하여 성취감을 높이기
- 성과를 즉시 피드백해 주고, 구체적인 칭찬을 해주기
- 자율성을 보장하며, 스스로 공부할 수 있도록 유도하기
- 학습의 결과뿐만 아니라 과정도 중요하다는 점을 강조하기

사례

(사자형 아이에게 동기 부여하기)

부모 "이번 시험에서 몇 점을 목표로 하고 싶어?"

아이 "90점 이상 받고 싶어요!"

부모 "좋아! 그럼 우리가 90점을 받기 위해 필요한 계획을 세워볼까? 이번 주엔 어떤 과목을 집중적으로 공부할까?"

아이 "음… 수학이 어려우니까 먼저 수학을 집중해서 공부할래요."

부모 "좋아, 그럼 매일 30분씩 문제를 풀어보고, 성취도를 체크해보자. 목표를 이룰 때마다 작은 보상을 주는 것도 좋을 것 같아!"

아이 "좋아요! 목표를 꼭 이룰 거예요."

 **돌고래형 아이:
창의적이고 유연한 학습법 활용하기**

돌고래형 아이의 학습 특징
- 창의적인 활동과 연계된 학습에서 높은 집중력을 보입니다.
- 감정이 학습 동기에 영향을 미치므로, 흥미로운 방식이 필요합니다.
- 틀에 박힌 방식보다는 다양한 접근 방법이 효과적입니다.
- 이야기, 영상, 그림 등 시각적·청각적 요소를 활용한 학습을 선호합니다.

돌고래형 아이를 위한 학습 코칭 방법
- 단순한 암기가 아닌, 스토리텔링을 활용한 학습법 적용하기
- 시각적 자료(그림, 영상, 마인드맵)를 적극 활용하기
- 창의적 사고를 자극하는 문제해결형 학습을 도입하기
- 학습 분위기를 편안하고 자유롭게 조성하기
- 감정을 동기부여 요소로 활용하여, 긍정적인 환경을 만들기

사례
(돌고래형 아이가 창의적으로 공부하도록 돕기)
아이 "역사 공부가 너무 지루해요."
부모 "지루하구나. 그럼 역사 속 인물을 주인공으로 한 이야기를 만들어보면 어떨까?"

아이 "이야기요?"

부모 "그래! 예를 들어, 세종대왕이 타임머신을 타고 2025년에 왔다고 상상해보자. 그럼 세종대왕이 요즘 사람들에게 무슨 말을 할까?"

아이 "음…! 한글을 더 사랑하라고 할 것 같아요!"

부모 "좋아! 그럼 그 이야기를 글로 써보자. 그러면서 역사적 사건을 자연스럽게 공부하는 거야."

아이 "재밌을 것 같아요!"

강아지형 아이: 칭찬과 격려를 통한 동기 부여

강아지형 아이의 학습 특징
- 타인의 인정과 칭찬이 학습 동기에 큰 영향을 미칩니다.
- 협력적 학습을 선호하며, 혼자 공부하는 것보다 함께 하는 것을 좋아합니다.
- 실패에 대한 두려움이 있어, 부정적인 피드백에 쉽게 위축될 수 있습니다.
- 꾸준한 격려와 정서적 지지가 필요합니다.

강아지형 아이를 위한 학습 코칭 방법
- 칭찬과 긍정적인 피드백을 지속적으로 제공하기

- 친구나 가족과 함께 공부하는 협력적 학습 환경 조성하기
- 작은 성취에도 보상을 주며 동기를 유지하기
- 학습 과정에서 격려와 지지를 아끼지 않기
- 실패에 대한 두려움을 줄이고, 도전하는 태도를 키워주기

사례
(강아지형 아이에게 칭찬을 활용해 학습 동기 부여하기)
아이 "엄마, 오늘 단어 시험에서 7개나 틀렸어요…."
부모 "그래도 3개는 맞췄네! 대단한걸?"
아이 "하지만 7개나 틀렸는데요."
부모 "처음 공부한 단어들인데도 3개를 기억했잖아. 다음번엔 5개, 그 다음엔 7개를 맞출 수 있을 거야."
아이 "그럴 수 있을까요?"
부모 "물론이지! 엄마랑 같이 복습해 볼까?"
아이 "네! 다시 한번 해볼게요."

비버형 아이:
체계적이고 논리적인 학습으로 동기부여

비버형 아이의 학습 특징
- 계획적이고 체계적인 학습을 선호하며, 정해진 일정에 맞춰 공부하는 것을 좋아합니다.

- 논리적으로 설명된 내용을 더 잘 이해하고 기억합니다.
- 실수를 싫어하며, 완벽한 결과를 원하기 때문에 스트레스를 받을 수도 있습니다.

비버형 아이를 위한 학습 코칭 방법
- 일정한 학습 루틴을 만들고 계획적으로 공부하도록 유도하기
- 논리적으로 설명하며, 원리를 이해하는 학습법 활용하기
- 지나친 완벽주의를 줄이고, 실수를 성장의 과정으로 받아들이게 하기
- 학습 목표를 구체적으로 설정하고 진행 과정을 점검하기
- 문제 풀이 후 분석하는 습관을 기르도록 돕기

사례
(비버형 아이가 체계적으로 학습하도록 돕기)

부모 "오늘 공부할 내용을 정리해볼까?"

아이 "네, 먼저 수학 문제 5개를 풀고, 국어 독해 3개를 할 거예요."

부모 "좋아! 그럼 문제를 풀고, 어떤 부분이 어려웠는지 체크해 보자."

아이 "오케이! 그러면 다음에 틀리지 않겠죠?"

부모 "맞아! 분석하는 게 중요하니까, 함께 확인해 보자."

관계 코칭: 사회성을 기르는 방법

"다른 사람의 입장에서 생각할 수 있는 능력은 가장 중요한 사회적 지능이다." – 다니엘 골먼

아이들은 성격에 따라 대인관계를 맺는 방식이 다릅니다. 어떤 아이는 리더 역할을 맡고 싶어 하고, 어떤 아이는 감정적인 교류를 중시하며, 또 어떤 아이는 질서를 지키는 것을 중요하게 여깁니다. 따라서 부모는 아이의 성향에 맞춰 사회성을 기를 수 있도록 돕는 것이 중요합니다. 이 장에서는 사자형, 돌고래형, 강아지형, 비버형 아이들이 사회성을 키우는 방법과 관계 코칭 전략을 소개합니다.

**사자형:
협력하는 법을 배우도록 돕기**

"진정한 리더는 자신만 앞서 가는 것이 아니라, 모두가 함께 갈 수

있도록 돕는 사람이야."

— 라이온 킹 (The Lion King, 1994, 무파사)

사자형 아이의 관계 특징
- 주도적인 역할을 선호하며, 친구들 사이에서도 리더 역할을 맡으려 합니다.
- 자신의 의견을 강하게 주장하며, 타인의 의견을 듣기보다는 자신의 방식대로 이끌어가려는 경향이 있습니다.
- 경쟁을 좋아하며, 승패에 민감할 수 있습니다.
- 규칙을 따르기보다는 자신이 만든 규칙을 적용하고 싶어 합니다.

사회성 코칭 방법
- 협력을 통한 성취감을 경험하도록 유도하기
- 타인의 의견을 경청하는 연습을 시키기
- 경쟁보다는 공동의 목표를 중요하게 여기도록 지도하기
- 친구들과 팀워크를 발휘하는 활동(단체 스포츠, 프로젝트 등)에 참여시키기
- 리더십과 배려가 함께 가야 함을 강조하기

사례
(사자형 아이가 친구들과 협력하는 법을 배우도록 돕기)
아이 "엄마, 친구들이 제가 하는 대로 안 따라줘요."
부모 "그 친구들은 어떤 의견을 가지고 있니?"

아이 "모르겠어요. 그냥 제가 하는 게 맞다고 생각했어요."

부모 "좋은 리더는 자기 의견뿐만 아니라 팀원들의 의견도 듣고 조율할 줄 알아야 해. 친구들의 생각을 먼저 들어보는 연습을 해보자."

아이 "그럼 제가 먼저 친구들에게 물어볼게요."

돌고래형:
감정 조절과 균형 있는 관계 유지

"너의 감정은 너의 힘이야. 감정을 조절하는 법을 배우면, 더 강해질 수 있어."

― 〈인사이드 아웃 (Inside Out, 2015, 조이)〉

돌고래형 아이의 관계 특징
- 감정이 풍부하며, 친구들과의 관계에서 감정을 많이 사용합니다.
- 분위기에 따라 관계가 변화할 수 있으며, 기분이 좋을 때는 활발하지만, 기분이 나쁘면 소극적으로 변할 수 있습니다.
- 타인의 감정에 민감하게 반응하며, 다른 사람을 기쁘게 해주려고 노력합니다.
- 지나치게 친밀한 관계를 원하거나, 감정적으로 휘둘리는 경향이 있습니다.

사회성 코칭 방법
- 감정에 따라 관계가 좌우되지 않도록 조절하는 연습하기
- 친구 관계에서 거리 조절하는 법을 가르치기
- 갈등이 생겼을 때 감정이 아닌 해결 중심으로 접근하는 연습하기
- 감정을 말로 표현하는 습관을 기르도록 하기
- 다양한 친구들과 두루 관계를 맺도록 돕기

사례
(돌고래형 아이가 감정적으로 관계를 맺는 방식을 조절할 수 있도록 돕기)

아이 "친구가 저를 좋아하지 않는 것 같아요."
부모 "왜 그렇게 생각하니?"
아이 "어제까지는 잘 놀았는데, 오늘은 저한테 별로 관심을 안 줬어요."
부모 "친구도 기분이 다를 수 있어. 네가 잘못한 게 아니라, 친구가 바쁜 일이 있을 수도 있고, 다른 친구와 이야기하고 싶을 수도 있지."
아이 "그렇네요. 친구가 저를 싫어하는 게 아닐 수도 있겠어요."
부모 "맞아. 모든 관계는 균형이 중요해. 한 친구에게만 의존하기보다는, 다양한 친구들과도 어울려 보자."

 ## 강아지형: 자기주장을 세우는 법 익히기

> "네가 누구인지, 네가 원하는 것이 무엇인지 분명하게 말해야 해."
> – 〈겨울왕국 2(Frozen 2, 2019, 엘사)〉

강아지형 아이의 관계 특징
- 친구들과 잘 어울리며, 평화를 유지하는 것을 중요하게 여깁니다.
- 타인의 감정을 배려하는 성향이 강해, 자신의 의견을 잘 표현하지 못할 때가 많습니다.
- 거절을 어려워하며, 친구들의 요구를 다 들어주려는 경향이 있습니다.
- 타인과의 관계에서 인정받고 싶은 욕구가 큽니다.

사회성 코칭 방법
- 자신의 감정을 솔직하게 표현하는 연습을 시키기
- 친구에게 거절하는 연습을 함께 하기
- 'NO'라고 말하는 것이 나쁜 것이 아님을 알려주기
- 친구들과의 관계에서 주체성을 가질 수 있도록 독립적인 활동을 장려하기
- 의사 표현을 명확히 하는 대화법을 연습하기

사례

(강아지형 아이가 자기 의견을 표현할 수 있도록 돕기)

아이 "친구가 매번 저한테만 숙제를 보여달라고 해요."

부모 "너는 어떻게 하고 싶니?"

아이 "보여주고 싶지 않은데, 친구가 서운해할까 봐 그러지 말라고 못 하겠어요."

부모 "그럴 땐 이렇게 말하면 돼. '나는 네가 내 답을 보는 것보다는, 네가 직접 해보는 게 더 도움이 될 거라고 생각해.'."

아이 "친구가 화내면 어떡하죠?"

부모 "좋은 친구라면 네 생각을 존중해 줄 거야. 그리고 너도 친구의 도움을 필요할 때 요청할 수 있어."

비버형: 융통성을 기르는 법

"세상이 항상 네 방식대로 돌아가진 않아. 때로는 유연해질 필요가 있어."

— ⟨쿵푸 팬더(Kung Fu Panda, 2008, 우구웨이 사부)⟩

비버형 아이의 관계 특징

- 규칙과 질서를 중시하며, 친구들에게도 원칙을 요구하는 경향이 있습니다.

- 계획에 따라 움직이려 하며, 예측할 수 없는 상황에서 스트레스를 받을 수 있습니다.
- 친구들과의 관계에서 논리적으로 접근하는 경향이 있어, 감정적인 공감을 어려워할 수 있습니다.
- 실수를 용납하기 어렵고, 다른 사람의 실수도 지적하려는 경향이 있습니다.

사회성 코칭 방법
- 융통성을 기르는 연습을 하기
- 실수를 받아들이는 법을 배우도록 지도하기
- 감정적인 공감과 논리적 사고의 균형을 맞추는 법을 익히기
- 예상치 못한 상황에서도 유연하게 대처하는 연습을 시키기
- 다른 사람의 감정을 이해하는 대화를 연습하기

사례
(비버형 아이가 융통성을 키울 수 있도록 돕기)
아이 "친구가 게임 규칙을 지키지 않아서 화가 났어요."
부모 "그럴 수도 있지. 하지만 규칙을 지키는 것보다 중요한 건 친구들과 재미있게 노는 거 아닐까?"
아이 "그래도 규칙을 지켜야 공평한 거잖아요."
부모 "맞아. 하지만 때로는 규칙보다 친구와의 관계가 더 중요할 때도 있단다."

제3장

갈등을 해결하고
친구같은 아빠되기

친구같은 아빠가 되는 갈등 해결 솔루션

"친구같은 부모는 권위를 포기하는 것이 아니라, 존중을 기반으로 한 새로운 권위를 세우는 것이다."

― 토마스 고든

행동 유형의 차이로 인해 아빠와 자녀 사이에서 발생할 수 있는 갈등과 이를 해결하는 방법을 유형별로 정리해 보겠습니다.

첫 번째 **사자형 아빠**의 사례입니다.

1. 성격유형별 갈등 발생 가능성

(1) 사자형 자녀와의 갈등
- 사자형 자녀는 독립적이며 강한 리더십을 가지고 있어 아빠와 충돌할 가능성이 높습니다.
- 의견이 강하고 자기 주장이 뚜렷해, 아빠와 힘겨루기 하려는 경향

이 있을 수 있습니다.
- 아빠가 명령조로 말하거나 통제하려 하면 자녀는 반발할 수 있습니다.

(2) 돌고래형 자녀와의 갈등
- 돌고래형 자녀는 감정적이며 관계 중심적이기 때문에 아빠가 너무 직설적으로 지시하면 상처받을 수 있습니다.
- 즐겁고 자유로운 분위기를 선호하지만, 아빠가 목표 지향적이고 결과 중심적으로 행동하면 답답함을 느낄 수 있습니다.
- 사자형 아빠가 성과를 강조하면, 돌고래형 자녀는 부담을 느끼고 동기부여가 떨어질 수 있습니다.

(3) 강아지형 자녀와의 갈등
- 강아지형 자녀는 조용하고 남을 배려하는 성향이 강하지만, 사자형 아빠의 강한 추진력과 단호한 태도에 위축될 수 있습니다.
- 아빠가 빠른 결정을 요구하면 부담을 느끼고 쉽게 위축될 수 있습니다.
- 감정 표현이 적어 속마음을 잘 말하지 않기 때문에, 아빠 입장에서는 '왜 반응이 없지?'라고 오해할 수 있습니다.

(4) 비버형 자녀와의 갈등
- 비버형 자녀는 분석적이고 논리적인 성향이 강하지만, 사자형 아빠의 빠른 의사결정 방식이 부담될 수 있습니다.

- 아빠가 "빨리 결정해!"라고 재촉하면 압박을 느끼고 더욱 신중해지며, 의견을 내는 것을 꺼릴 수 있습니다.
- 아빠는 결과를 중요시하지만, 비버형 자녀는 과정과 세부적인 요소까지 고려하기 때문에 서로 답답함을 느낄 수 있습니다.

2. 갈등 해결 솔루션: 자녀 유형별 맞춤 접근법

(1) 사자형 자녀와의 해결책: '권한 위임과 인정'

- 지시하기보다는 자녀에게 선택권을 주고, 책임을 맡기는 방식이 효과적입니다. → 예: "이 일을 네가 어떻게 해결할지 한번 계획을 세워볼래?"
- 결과를 강조하기보다 과정에서 노력한 부분을 인정해 주는 것이 중요합니다. → 예: "결과도 중요하지만 네가 이렇게까지 해낸 게 대단해."
- 아빠와 자녀가 같은 사자형이므로, 때때로 한 발 물러서서 조율하는 자세가 필요합니다.

(2) 돌고래형 자녀와의 해결책: '공감과 칭찬'

- 아빠의 논리적이고 단호한 말투 대신, 부드러운 말투와 감정적인 교감을 늘리는 것이 중요합니다. → 예: "네가 친구들과 함께 있는 걸 정말 좋아하는구나! 그런데 이건 어떻게 생각해?"
- 결과보다 과정에서의 즐거움을 강조하면 자녀가 더 적극적으로 참여합니다. → 예: "너랑 같이 하면 재밌을 것 같은데, 우리 같이

해볼까?"
- 칭찬과 격려가 큰 동기부여 요소가 됩니다. → 예: "와! 네가 한 아이디어 정말 좋다!"

(3) 강아지형 자녀와의 해결책: '안심시키고 기다려주기'
- 빠른 결정이나 강한 추진력보다는, 아이가 충분히 생각할 시간을 주는 것이 중요합니다. → 예: "괜찮아, 천천히 결정해도 돼."
- 자녀가 의견을 말하기 어렵다면, 편안한 분위기에서 차근차근 질문하며 유도하는 것이 좋습니다. → 예: "넌 어떻게 생각해? 네 의견이 궁금해."
- 다그치기보다는 안정감을 주는 방식이 필요합니다.

(4) 비버형 자녀와의 해결책: '논리적 대화와 세부적인 설명'
- 비버형 자녀는 감정보다는 논리를 중시하므로, 구체적인 설명과 자료를 활용하면 효과적입니다. → 예: "이렇게 하면 왜 더 좋은지 설명해 줄게."
- 빠른 결정을 강요하지 말고, 충분한 시간을 주어 스스로 답을 찾도록 해야 합니다. → 예: "충분히 고민한 후 이야기해도 괜찮아."
- 비판보다는 피드백을 할 때 조심스럽게 접근해야 합니다. → 예: "이 부분은 아주 잘했는데, 여기서 조금 더 생각해 보면 좋을 것 같아."

3. 친구 같은 아빠가 되기 위한 핵심 전략

(1) 자녀의 성향을 이해하고 맞춤형 소통하기
- 자녀마다 원하는 말투와 대화 방식이 다르므로, 맞춤형 소통이 필요합니다.

(2) 강요보다는 선택권을 주고 존중하기
- 사자형, 비버형 자녀는 논리적 이유를 원하고, 돌고래형, 강아지형 자녀는 감정적 교감을 원합니다. 명령보다는 "너는 어떻게 생각해?"라고 물어보는 것이 효과적입니다.

(3) 감정을 읽고 공감 표현하기
- 돌고래형, 강아지형 자녀에게는 감정을 읽고 공감하는 말이 중요합니다. → "너무 속상했겠다." / "정말 신나는 일 같아 보이네!"

(4) 자녀의 강점을 인정하고 칭찬하기
"너는 논리적으로 생각하는 게 정말 대단해!"
"네가 친구들과 어울리는 걸 보면 정말 보기 좋아!"
"항상 차분하게 남을 배려하는 점이 멋져!"

(5) 가족 간 규칙을 만들고 함께 지키기
- 각기 다른 성향이더라도 가정의 기본적인 규칙을 함께 정하고 실천하면 조화로운 관계를 만들 수 있습니다. → 예: "서로 의견을

끝까지 듣기.", "말할 때 차례 지키기." 등

자녀의 행동 유형에 따라 발생하는 갈등을 이해하고, 각각의 성향에 맞춰 접근하는 것이 핵심입니다. 자녀마다 원하는 소통 방식이 다르므로, 맞춤형 대화를 통해 친구 같은 아빠가 될 수 있습니다. 사자형 아빠의 장점(추진력, 결단력)을 살리면서도, 자녀들의 개성을 존중하는 균형 잡힌 관계를 만들어 가는 것이 중요합니다.

다음은 **돌고래형 아빠의 경우**입니다.

돌고래형 아빠로서 자녀들과 관계를 맺는 것은 즐겁고 따뜻한 일이지만, 자녀들의 성향이 다양하기 때문에 각 유형에 따른 갈등이 생길 수 있습니다. 돌고래형은 감정적 교류와 유대감을 중요시하지만, 논리적이거나 조용한 자녀들과는 소통 방식이 다를 수 있습니다.

1. 성격유형별 갈등 발생 가능성

(1) 사자형 자녀와의 갈등
- 사자형 자녀는 목표 지향적이고 빠른 결정을 선호하는 반면, 돌고래형 아빠는 관계 중심적이고 즐거운 분위기를 중요시합니다.
- 아빠가 자녀를 설득하려 하거나 분위기를 맞추려고 할 때, 사자형 자녀는 "결론이 뭐야?"라고 답답해할 가능성이 있습니다.

- 사자형 자녀는 효율성과 실질적인 성과를 중시하는데, 돌고형 아빠가 즉흥적이거나 감정적인 반응을 보이면 신뢰를 잃을 수 있습니다.

(2) 돌고래형 자녀와의 갈등
- 두 사람이 모두 감정적이고 관계 중심적이기 때문에 서로에게 기대하는 감정적 교류가 클 수 있습니다.
- 아빠가 너무 가볍게 약속을 하거나 즉흥적으로 행동하면, 돌고래형 자녀도 같은 방식으로 대응하며 책임감이 부족해질 수 있습니다.
- 즐거운 활동은 잘 맞지만, 깊은 대화를 나누거나 규칙을 지키는 부분에서는 서로 방만해질 가능성이 있습니다.

(3) 강아지형 자녀와의 갈등
- 강아지형 자녀는 조용하고 신중한데, 돌고래형 아빠가 너무 활발하고 감정적으로 다가가면 부담을 느낄 수 있습니다.
- "괜찮아~.", "그냥 즐기면 돼!" 같은 가벼운 반응을 보이면, 강아지형 자녀는 자신의 고민을 진지하게 들어주지 않는다고 느낄 수 있습니다.
- 아빠가 즉흥적으로 변화를 주거나 계획 없이 행동하면, 안정적인 환경을 원하는 강아지형 자녀가 불안감을 느낄 가능성이 있습니다.

(4) 비버형 자녀와의 갈등
- 비버형 자녀는 분석적이고 논리적인데, 돌고래형 아빠의 감정적인

접근이 답답하게 느껴질 수 있습니다.
- 아빠가 "그냥 해 보면 돼!"라고 말하면 비버형 자녀는 "왜 그렇게 해야 하는지 이유를 설명해주세요."라고 반응할 가능성이 높습니다.
- 즉흥적인 아빠의 스타일이 비버형 자녀에게는 불확실한 느낌을 주어 신뢰를 잃을 수도 있습니다.

2. 갈등 해결 솔루션: 자녀 유형별 맞춤 접근법

(1) 사자형 자녀와의 해결책: '명확한 목표 제시와 효율적인 대화'
- 분위기를 맞추기보다, 논리적으로 핵심을 빠르게 전달해야 합니다. → 예: "이건 이렇게 하면 돼. 네 의견은 어때?"
- 결정권을 주어 스스로 해결할 기회를 제공합니다. → 예: "이 문제를 네 방식대로 해결해볼래?"
- 불필요한 감정적인 설명을 줄이고, 구체적인 조언을 중심으로 대화합니다. → 예: "너의 결정을 존중해. 하지만 이런 방법도 고려해 볼 수 있을 것 같아."

(2) 돌고래형 자녀와의 해결책: '책임감 있는 즐거움'
- 관계 중심적인 성향을 활용해 협력적인 분위기를 조성합니다. → 예: "우리 팀워크로 이걸 같이 해결해보자!"
- 즉흥적인 태도를 줄이고, 일정한 규칙을 함께 만들어 실천합니다. → 예: "즐겁게 놀되, 숙제는 끝내고 하자!"
- 감정적 공감을 더하면서도, 중요한 일에는 책임감을 강조합니다.

→ 예: "네 감정이 중요한 만큼, 네가 맡은 일도 중요해."

(3) 강아지형 자녀와의 해결책: '신뢰할 수 있는 안정감 제공'

- 가벼운 농담보다는 진지한 경청과 지지를 제공합니다. → 예: "그렇게 생각하는구나. 네 입장에서 이해할 수 있어."
- 즉흥적인 변화를 줄이고, 예측 가능한 환경을 만들어 줍니다. → 예: "이번 주에는 이렇게 해보자. 혹시 네가 바꾸고 싶은 부분이 있니?"
- 자녀가 충분히 고민할 시간을 가질 수 있도록 여유를 줍니다. → 예: "급하게 결정하지 않아도 돼. 충분히 생각해 보고 알려줘."

(4) 비버형 자녀와의 해결책: '논리적 소통과 세부적인 설명'

- 감정보다는 구체적이고 논리적인 설명을 합니다. → 예: "이렇게 하면 네가 원하는 결과를 얻을 수 있을 거야."
- 즉흥적인 행동을 줄이고, 비버형 자녀가 준비할 시간을 충분히 제공합니다. → 예: "너한테 시간이 필요하다는 걸 알아. 천천히 정리해서 말해줘."
- 감정적인 접근보다는 구체적인 자료나 사례를 활용합니다. → 예: "이걸 하면 어떤 장점이 있을지 한 번 분석해 볼까?"

3. 친구 같은 아빠가 되기 위한 핵심 전략

(1) 유형별 맞춤형 대화 방식 적용
- 사자형: 빠르고 논리적인 대화
- 돌고래형: 감정적으로 공감하고 함께 활동
- 강아지형: 안정감을 주고 기다려 주기
- 비버형: 논리적 근거를 제시하며 설득

(2) 감정과 논리의 균형 맞추기
- 감정적으로만 접근하면 논리적인 자녀(사자형, 비버형)에게 신뢰를 잃을 수 있습니다.
- 논리적으로만 접근하면 감성적인 자녀(돌고래형, 강아지형)에게 소외감을 줄 수 있습니다.

(3) 책임감 있는 자유 제공
- 돌고래형 아빠는 자녀와 놀아주는 데 강점이 있지만, 자유로운 분위기 속에서도 책임감을 심어줘야 합니다. → "우리 함께 재미있게 하되, 해야 할 일은 꼭 마무리하자."

(4) 자녀의 강점을 살려 동기부여하기
- 사자형: "너의 리더십이 정말 멋져!"
- 돌고래형: "네가 분위기를 밝게 만들어 줘서 좋아."
- 강아지형: "네가 남을 배려하는 모습이 참 감동적이야."

- 비버형: "네가 꼼꼼하게 생각하는 덕분에 우리가 좋은 결정을 내릴 수 있어."

(5) 즉흥적인 태도를 줄이고 신뢰감을 주는 방식 적용
- 돌고래형 아빠는 즉흥적이지만, 자녀들이 신뢰할 수 있도록 계획적인 모습을 보이는 것도 중요합니다. → "이번 주는 이렇게 할 거야. 혹시 네가 추가하고 싶은 게 있니?"

돌고래형 아빠는 따뜻한 감성과 뛰어난 관계 형성 능력을 가지고 있지만, 즉흥적이거나 감정적인 접근 방식이 자녀들의 성향에 따라 다르게 받아들여질 수 있습니다.

자녀들의 성향을 고려한 맞춤형 대화를 통해 감정적 교류를 유지하면서도 신뢰받는 아빠가 될 수 있습니다.

다음은 **강아지형 아빠의 경우**입니다.

강아지형 아빠는 온화하고 배려심이 많으며, 갈등을 피하려는 경향이 있습니다. 그러나 사자형, 돌고래형, 비버형, 강아지형 자녀들과 소통할 때 성향 차이로 인해 갈등이 생길 수 있습니다. 이 문제를 해결하고 친구 같은 아빠가 되기 위한 맞춤형 솔루션을 제시하겠습니다.

1. 성격유형별 갈등 발생 가능성

(1) 사자형 자녀와의 갈등
- 사자형 자녀는 강한 리더십을 가지고 있으며, 빠른 결정을 원하지만, 강아지형 아빠는 결정을 미루거나 상대방을 우선시하는 경향이 있습니다.
- 아빠가 너무 유순하면, 사자형 자녀는 "엄마/아빠는 왜 단호하지 못해?"라며 답답해할 가능성이 높습니다.
- 사자형 자녀가 강하게 의견을 주장할 때, 아빠가 갈등을 피하려고 하면 자녀는 아빠를 무시할 수도 있습니다.

(2) 돌고래형 자녀와의 갈등
- 돌고래형 자녀는 활발하고 감정 표현이 강하지만, 강아지형 아빠는 조용하고 내성적인 성향이 있어 자녀의 에너지를 따라가기 어려울 수 있습니다.
- 아빠가 적극적으로 반응해 주지 않으면, 돌고래형 자녀는 "엄마/아빠는 내 이야기에 관심이 없어!"라고 느낄 수도 있습니다.
- 돌고래형 자녀가 즉흥적으로 계획을 바꾸거나 새로운 일을 시도할 때, 아빠는 불안함을 느낄 가능성이 있습니다.

(3) 강아지형 자녀와의 갈등
- 둘 다 갈등을 피하려는 성향이 강하기 때문에, 속마음을 잘 이야기하지 않을 가능성이 있습니다. 서로 배려하려다 보니 결정이 늦

어지거나, 주도적인 역할을 맡는 사람이 없어 문제가 생길 수도 있습니다.
- 감정을 쌓아두다가 나중에 갑자기 터질 위험이 있습니다.

(4) 비버형 자녀와의 갈등
- 비버형 자녀는 논리적이고 분석적인데, 강아지형 아빠는 감정적으로 접근하는 경우가 많아 자녀가 답답함을 느낄 수 있습니다.
- 비버형 자녀가 세부적인 사항을 따질 때, 아빠가 "그냥 괜찮아."라고 넘어가면 신뢰가 떨어질 수 있습니다.
- 비버형 자녀는 정확한 기준을 원하지만, 아빠는 유연하게 대응하려다 보니 혼란을 줄 수도 있습니다.

2. 갈등 해결 솔루션: 자녀 유형별 맞춤 접근법

(1) 사자형 자녀와의 해결책: '단호함과 명확한 기준 제시'
- 사자형 자녀가 너무 강하게 주장할 때, 아빠가 물러서지 않고 단호한 태도를 유지해야 합니다. → 예: "네 의견은 멋지지만, 이 부분은 이렇게 결정할게."
- 갈등을 피하기보다는, 논리적으로 설명하며 합리적인 기준을 제시합니다. → 예: "이걸 결정하기 전에, 너랑 나랑 함께 기준을 정해볼까?"
- 사자형 자녀에게 책임감을 부여하여 스스로 해결하게 유도합니다. → 예: "네가 이 문제를 해결할 방법을 한번 생각해 보고 이야기

해줄래?"

(2) 돌고래형 자녀와의 해결책: '감정적으로 반응하고 관심 표현'

- 자녀의 이야기에 적극적으로 반응하고 감정을 공유해 주어야 합니다. → 예: "와, 정말 재미있는 이야기네! 너는 그때 어떤 기분이었어?"
- 즉흥적인 활동에 대한 불안감을 줄이기 위해 작은 범위에서부터 함께 도전합니다. → 예: "갑자기 계획을 바꾸는 건 어렵지만, 네가 원하는 걸 할 수 있도록 방법을 같이 찾아보자."
- 돌고래형 자녀가 아빠를 소극적으로 느끼지 않도록, 의도적으로 리액션을 크게 해주어야 합니다. → 예: "그렇구나! 정말 신나는 일이었겠네!"

(3) 강아지형 자녀와의 해결책: '속마음을 표현할 수 있는 환경 조성'

- 서로 속마음을 말하지 않는 문제를 해결하기 위해, 정기적인 대화 시간을 마련합니다. → 예: "우리 오늘 하루 있었던 일 중에서 가장 좋았던 일과 힘들었던 일을 하나씩 이야기해보자."
- 결정을 미루지 않도록, 작은 것부터 선택하는 연습을 함께 합니다. → 예: "오늘 저녁 메뉴는 네가 선택해볼래?"
- 감정을 쌓아두지 않도록, 솔직하게 표현하는 법을 연습합니다. → 예: "나는 네가 어떻게 생각하는지 정말 알고 싶어. 솔직하게 이야기해줄래?"

(4) 비버형 자녀와의 해결책: '논리적이고 구체적인 대화 방식'

- 감정적인 말보다는, 구체적이고 논리적인 설명을 해 주는 것이 중요합니다. → 예: "네가 걱정하는 부분을 자세히 말해 줄 수 있을까?"
- 비버형 자녀가 고민하는 시간을 충분히 주고, 급하게 결정하도록 재촉하지 않습니다. → 예: "충분히 생각한 후 이야기해도 괜찮아."
- 논리적인 근거를 들어 설명하고, 감정적인 표현은 최소화합니다. → 예: "이 방법이 더 효과적인 이유는 이거야."

3. 친구 같은 아빠가 되기 위한 핵심 전략

(1) 갈등을 피하지 않고 적극적으로 소통하기

- 강아지형 아빠는 갈등을 피하려는 경향이 있지만, 자녀들과 건강한 갈등을 통해 성장할 수 있습니다. "나는 네 의견을 존중하지만, 내 생각도 중요하다고 생각해."

(2) 자녀의 성향을 존중하고 맞춤형 대화 방식 적용하기

- 사자형: 단호하고 명확한 기준 제시
- 돌고래형: 감정적으로 공감하며 반응하기
- 강아지형: 속마음을 표현할 수 있도록 유도하기
- 비버형: 논리적이고 구체적인 설명 제공

(3) 아빠로서의 주도권을 조금 더 가지기

- 자녀들이 아빠를 너무 소극적이라고 느끼지 않도록, 때때로 주도적인 역할을 할 필요가 있습니다. → "아빠가 이 부분은 결정할게. 너는 어떻게 생각해?"

(4) 감정을 표현하는 연습하기

- 강아지형 아빠는 감정을 표현하는 것이 서툴 수 있지만, 자녀들에게 감정을 표현하는 모습을 보여주면 자녀들도 감정을 솔직하게 말할 수 있습니다. → "나는 오늘 네가 이런 행동을 해서 기뻤어!"

(5) 모든 자녀와 개별적으로 시간을 보내기

- 각자의 성향에 맞춰 개별적인 시간을 가지면 더 깊은 유대감을 형성할 수 있습니다.
- → 사자형: 목표 설정 대화
- → 돌고래형: 함께 활동하기
- → 강아지형: 차분한 대화 시간
- → 비버형: 논리적인 토론

강아지형 아빠는 따뜻한 배려심이 강점이지만, 자녀들에게 주도적인 모습을 보이고, 갈등을 피하기보다 적극적으로 소통하는 것이 중요합니다.

자녀의 성향을 이해하고 맞춤형 대화를 실천하면, 친구 같은 아빠가 될 수 있습니다.

마지막으로 **비버형 아빠의 경우**입니다.

비버형 아빠는 논리적이고 체계적이며 완벽함을 추구하는 경향이 있습니다. 하지만 자녀들이 각기 다른 성향을 가지고 있기 때문에 갈등이 발생할 수 있습니다. 비버형 아빠의 강점(분석적 사고, 계획적인 태도)을 살리면서도, 자녀들과 원활한 소통을 하기 위한 해결책을 제시하겠습니다.

1. 성격유형별 갈등 발생 가능성

(1) 사자형 자녀와의 갈등
- 사자형 자녀는 빠른 결정과 실행을 원하지만, 비버형 아빠는 충분한 분석과 검토 후에 결정을 내리는 스타일입니다.
- 아빠가 세부적인 것까지 신경 쓰고 꼼꼼하게 따지는 것이 사자형 자녀에게는 답답하게 느껴질 수 있습니다.
- 사자형 자녀가 아빠의 신중한 태도를 "소극적이다." 또는 "지체된다."고 생각하여 갈등이 발생할 수 있습니다.

(2) 돌고래형 자녀와의 갈등
- 돌고래형 자녀는 즉흥적이고 감정적인 반면, 비버형 아빠는 논리적이고 감정보다는 사실을 중요시 합니다.

- 아빠가 감정 표현을 자제하고 너무 이성적으로 접근하면, 돌고래형 자녀는 아빠가 자신을 이해하지 못한다고 느낄 수 있습니다.
- 돌고래형 자녀의 즉흥적인 계획 변경이나 감정 기복을 아빠가 받아들이기 어려울 수 있습니다.

(3) 강아지형 자녀와의 갈등
- 강아지형 자녀는 조용하고 갈등을 피하려는 성향이 강한데, 비버형 아빠는 정확성과 논리를 중요시하기 때문에 자녀가 위축될 수 있습니다.
- 아빠가 세세한 것까지 따지고 질문하면, 강아지형 자녀는 부담을 느껴 자신의 의견을 말하지 않으려 할 가능성이 있습니다.
- 아빠가 자녀에게 혼자 결정하도록 요구하면, 강아지형 자녀는 스트레스를 받을 수 있습니다.

(4) 비버형 자녀와의 갈등
- 비버형 아빠와 비버형 자녀는 비슷한 성향이지만, 서로 너무 신중하다 보니 결정을 내리는 데 시간이 오래 걸릴 수 있습니다.
- 아빠가 자녀의 실수를 용납하지 않거나 지나치게 완벽을 요구하면, 자녀는 부담을 느끼고 자신감을 잃을 수 있습니다.
- 서로 감정을 쉽게 표현하지 않기 때문에, 속마음을 공유하는 시간이 적어질 가능성이 있습니다.

2. 갈등 해결 솔루션: 자녀 유형별 맞춤 접근법

(1) 사자형 자녀와의 해결책: '빠른 피드백과 결단력'
- 사자형 자녀가 답답함을 느끼지 않도록, 빠른 결정을 내리는 연습을 함께 합니다. → 예: "이제부터 10분 안에 결정해보자."
- 지나치게 꼼꼼하게 따지기보다는, 핵심만 간결하게 전달합니다. → 예: "이 세 가지만 기억하면 돼."
- 자녀가 스스로 판단하고 책임질 기회를 제공합니다. → 예: "네 방식대로 해보고, 결과를 나중에 이야기해보자."

(2) 돌고래형 자녀와의 해결책: '감정 공감과 유연한 태도'
- 논리적인 설명보다는 감정적인 공감을 먼저 해 줍니다. → 예: "그랬구나, 네가 정말 신났겠어!"
- 즉흥적인 행동을 완전히 억제하기보다, 허용 가능한 범위를 정해 함께 해 봅니다. → 예: "갑자기 계획을 바꾸는 건 어려워, 하지만 작은 부분은 조정할 수 있어."
- 감정 표현이 부족할 수 있으므로, 의도적으로 칭찬과 인정의 말을 자주 해 줍니다. → 예: "너는 정말 창의적이고 친구들에게 인기가 많구나!"

(3) 강아지형 자녀와의 해결책: '부드러운 질문과 의사 결정 지원'
- 부담을 주지 않는 방식으로 의견을 물어봅니다. → 예: "너는 어떻게 생각해? 네 의견이 궁금해."

- 작은 결정부터 스스로 내리도록 도와줍니다. → 예: "오늘 저녁 메뉴를 네가 정해볼래?"
- 지나치게 꼼꼼한 질문을 피하고, 자녀가 편안하게 대화할 수 있는 분위기를 조성합니다. → 예: "틀려도 괜찮아, 네 생각을 자유롭게 말해 줘."

(4) 비버형 자녀와의 해결책: '실수에 대한 관대함과 감정 공유'
- 완벽주의적인 태도를 줄이고, 실수해도 괜찮다는 분위기를 조성합니다. → 예: "실수는 배우는 과정이야. 괜찮아!"
- 의사 결정 시간을 줄이기 위해, 선택지를 제공하여 결정을 유도합니다. → 예: "A, B, C 중에서 선택해볼래?"
- 감정을 표현하는 연습을 함께 합니다. → 예: "오늘 기분이 어땠어? 좋았던 일 하나만 말해줄래?"

3. 친구 같은 아빠가 되기 위한 핵심 전략

(1) 완벽주의보다 유연한 태도를 갖습니다.
- 비버형 아빠는 논리적으로 완벽한 선택을 하려 하지만, 자녀들에게는 때때로 '빠른 결정'과 '유연한 태도'가 필요합니다. → "100% 완벽하지 않아도 괜찮아. 일단 해보자!"

(2) 감정을 표현하는 연습을 합니다.
- 비버형 아빠는 감정을 직접 표현하는 데 익숙하지 않지만, 자녀

들이 아빠의 감정을 이해할 수 있도록 노력해야 합니다. → "오늘 아빠도 피곤했지만, 네 이야기를 들어서 기뻤어!"

(3) 자녀의 성향을 존중하고 맞춤형 대화 방식 적용
- 사자형: 빠른 결정과 명확한 방향 제시
- 돌고래형: 감정 공감과 칭찬
- 강아지형: 배려와 작은 결정 기회 제공
- 비버형: 실수 허용과 감정 표현 연습

(4) 자녀와 개별적인 시간을 보내기
- 각 자녀의 성향에 맞춰 1:1 시간을 가지며 맞춤형 소통을 시도.
- → 사자형: 전략 게임, 목표 설정 대화
- → 돌고래형: 활동적인 놀이, 감정 나누기
- → 강아지형: 조용한 산책, 편안한 대화
- → 비버형: 책 읽기, 논리적인 토론

(5) 가족 회의를 통해 의사 결정 훈련하기
- 가족 회의를 통해 각 자녀가 의견을 말할 기회를 제공하고, 의사 결정을 연습하게 합니다. → "이번 주말에는 어디 갈지 다 같이 정해보자!"

비버형 아빠는 분석적이고 계획적인 강점이 있지만, 자녀들의 성향에 따라 유연한 태도와 감정적인 소통이 필요합니다.

각 자녀의 성향에 맞는 소통 방식을 실천하면서도, 완벽보다는 자녀와의 관계를 우선하는 것이 친구 같은 아빠가 되는 핵심입니다.

부모-자녀 성격 조합별 주요 갈등 정리

부모 \ 자녀	사자형 자녀	돌고래형 자녀	강아지형 자녀	비버형 자녀
사자형 부모	주도권 다툼	감성적인 반응에 답답함	부모의 통제에 아이가 위축됨	부모의 빠른 결단력과 아이의 신중함이 충돌
돌고래형 부모	아이의 강한 독립성을 존중하기 어려움	서로 감성적으로 공감하지만, 해결책이 부족함	아이의 의존성이 커질 위험	부모는 유연성을 원하지만, 아이는 질서를 원함
강아지형 부모	부모의 온화함이 아이의 강한 주도성과 충돌	아이의 감정을 너무 신경 써서 한계를 설정하지 못함	서로 감정을 배려하지만 결단력이 부족함	부모의 유연함이 아이의 원칙주의와 갈등을 일으킴
비버형 부모	부모의 규칙과 아이의 리더십이 충돌	부모는 논리적이지만, 아이는 감성적으로 반응	부모의 원칙적인 태도에 아이가 부담을 느낌	서로 규칙과 질서를 중시하지만, 완벽주의로 인해 갈등 발생

갈등 해결을 위한 접근법

- 자녀의 성향을 인정하고 부모의 기대를 조정하기
- 성격유형별 장점과 단점을 인식하여 균형 있는 양육 태도 유지하기
- 일관성을 유지하되, 아이의 성격에 맞춰 유연하게 대화하기
- 강점 기반으로 육아 방식을 맞춤 적용하기
- 부모와 자녀 모두 만족할 수 있는 중립적인 해결책 찾기

부부의 성격 차이가 육아에 미치는 영향

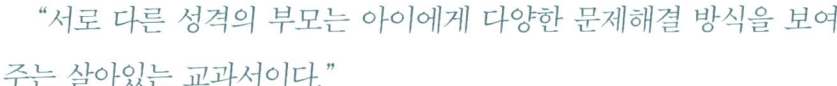

"서로 다른 성격의 부모는 아이에게 다양한 문제해결 방식을 보여주는 살아있는 교과서이다."

– 캐롤 드웩

부부가 성격이 다르면 육아에 어떤 영향을 미칠까요?
- **양육 방식의 차이**: 한쪽은 엄격한 규율을 강조하고, 다른 한쪽은 자유로운 양육을 원할 수 있습니다.
- **아이에 대한 기대치 차이**: 부모 중 한 명은 높은 목표를 강조하고, 다른 한 명은 아이가 행복하게 자라는 것을 더 중요하게 여길 수 있습니다.
- **갈등 조율 방식 차이**: 한 명은 감정적으로 해결하려 하고, 다른 한 명은 논리적으로 해결하려 할 수 있습니다.
- **아이에 대한 반응 차이**: 부모 중 한 명은 즉각적인 대응을 하고, 다른 한 명은 상황을 지켜보며 기다리는 방식을 취할 수 있습니다.

부부 간 성격 차이로 인한 갈등 해결 방법

- **서로의 양육 스타일을 이해하고 조율하기**: 부부가 자신의 방식만 고집하면 아이는 혼란스러울 수 있습니다. 각자의 양육 스타일을 인정하고, 공통된 원칙을 세워 일관된 태도를 유지하는 것이 중요합니다.
- **양육에 대한 기대치를 맞추기**: 아이에게 바라는 점이 다를 경우, 서로의 의견을 조율할 필요가 있습니다. "우리는 아이에게 어떤 사람이 되기를 원하는가?"라는 질문을 함께 고민해 보면 합의점을 찾을 수 있습니다.
- **감정적인 충돌을 피하고 협력하기**: 부부가 서로를 비난하기보다는 "어떤 방식이 우리 아이에게 더 좋을까?"를 중심으로 논의하는 것이 중요합니다.
- **서로의 강점을 인정하고 역할을 나누기**: 비버형 부모와 돌고래형 부모가 있다면, 각각의 강점을 활용하여 균형을 맞출 수 있습니다. 예를 들어, 한 명은 아이의 감정을 보듬어 주고, 다른 한 명은 규칙과 책임감을 강조하는 역할을 맡을 수 있습니다.

대화 사례

(비버형 부모 vs 돌고래형 부모)

아빠 "우리 아이가 너무 늦게까지 노는 것 같아. 적당한 규칙을 만들어야 해."

엄마 "하지만 너무 엄격하면 아이가 스트레스를 받을 수도 있어."

아빠 "그럼 우리가 적절한 시간을 정해서, 그 범위 내에서 자유롭게 하게 하면 어때?"

엄마 "좋아! 아이도 그 정도는 받아들일 수 있을 것 같아."

부부가 성격이 다를 때, 그것이 육아에서 충돌의 원인이 될 수도 있지만, 오히려 상호 보완적인 역할을 할 수도 있습니다. 중요한 것은 부모가 서로의 차이를 인정하고, 아이에게 가장 좋은 방법을 함께 찾아가는 것입니다.

성격유형별 부부 갈등 양상 및 해결 방법

> "서로 다른 성격유형의 부부가 가장 먼저 배워야 할 것은 자신의 언어가 상대에게는 외국어일 수 있다는 사실이다."
>
> – 게리 채프먼

부부 역시 서로 다른 성격을 가지고 있으면, 이러한 차이가 육아와 가정생활 전반에 영향을 미칠 수 있습니다. 서로의 성향을 이해하고 조율하지 않으면, 성격 차이로 인해 갈등이 지속될 가능성이 큽니다. 그러나 성격 유형을 알고 맞춤형 해결책을 찾는다면, 갈등을 줄이고 보다 건강한 부부 관계를 유지할 수 있습니다.

1. 사자형 배우자와의 갈등 양상 및 해결 방법

갈등 양상

- 사자형 배우자는 목표 지향적이며 강한 리더십을 발휘하려 합니다.

- 배우자가 자신의 의견을 존중하지 않는다고 느끼면 쉽게 짜증을 낼 수 있습니다.
- 상대 배우자가 소극적이거나 우유부단하면 답답해하며, 강한 추진력으로 이끌려고 합니다.
- 갈등이 생기면 직접적으로 해결하려 하지만, 강압적으로 보일 수 있습니다.

해결 방법
- 배우자가 자신의 의견을 존중받고 있다고 느끼게 하되, 부드러운 방식으로 피드백을 전달하기
- 의견 차이가 있을 때 협상의 태도를 유지하며, 강압적으로 밀어붙이지 않기
- 배우자의 강한 의견 표현 뒤에 있는 감정을 이해하려고 노력하기
- 배우자의 결단력과 리더십을 인정하되, 자신의 의견도 가치 있게 표현하기

2. 돌고래형 배우자와의 갈등 양상 및 해결 방법

갈등 양상
- 감정이 풍부하고 창의적인 돌고래형 배우자는 감정적인 소통을 중요하게 여깁니다.
- 논리보다는 감정적인 공감을 원하며, 배우자가 감정을 이해해 주

지 않으면 소외감을 느낍니다.
- 즉흥적인 성향이 강해 계획을 따르는 것을 어려워할 수 있습니다.
- 갈등이 생기면 감정적으로 반응하며, 논리적 접근을 피하려는 경향이 있습니다.

해결 방법
- 배우자의 감정을 충분히 공감하고 표현하도록 돕기
- 논리적인 해결책을 제시하기 전에 감정을 먼저 인정해주기
- 지나치게 즉흥적인 행동을 조율할 수 있도록 함께 계획 세우는 습관 기르기
- 감정적으로 대응하기보다, 차분하게 문제를 해결하는 방법 익히기

3. 강아지형 배우자와의 갈등 양상 및 해결 방법

갈등 양상
- 온화하고 배려심이 깊은 강아지형 배우자는 갈등을 피하려는 경향이 있습니다.
- 자신의 감정보다는 배우자를 우선시하며, 불편한 상황을 피하려 합니다.
- 상대 배우자가 강한 의견을 주장하면 쉽게 위축될 수 있습니다.
- 필요할 때 자기주장을 하지 못하고 참고 있다가 감정이 쌓이면 폭발할 가능성이 있습니다.

해결 방법

- 배우자가 자신의 의견을 솔직하게 표현할 수 있도록 격려하기
- "괜찮아."라는 말로 갈등을 덮지 않고, 문제를 직접 해결하는 태도를 길러주기
- 배우자가 지나치게 희생하지 않도록 적절한 자기표현을 연습하기
- 갈등을 두려워하지 말고, 건강한 방식으로 의견을 조율하는 대화법을 연습하기

4. 비버형 배우자와의 갈등 양상 및 해결 방법

갈등 양상

- 비버형 배우자는 논리적이고 체계적인 사고를 중요하게 여깁니다.
- 원칙과 질서를 중시하며, 배우자가 즉흥적이거나 감정적인 접근을 하면 답답해할 수 있습니다.
- 감정보다는 논리적 해결책을 선호하며, 감성적인 대화를 어려워할 수 있습니다.
- 계획이 틀어지거나 예상치 못한 변수가 생기면 스트레스를 받을 수 있습니다.

해결 방법

- 배우자의 체계적인 접근 방식과 계획의 중요성을 인정하기
- 배우자의 논리적 분석을 존중하고, 계획의 필요성을 인정하기

- 계획 변경에 스트레스를 받을 수 있으므로, 유연하게 대처하기
- 명확한 해결책과 함께 대화를 시작하고, 세부 계획을 함께 수립하기

성격 차이를 조율하며 건강한 부부 관계 유지하기

성격 차이는 부부 관계에서 피할 수 없는 부분이지만, 갈등을 해결하는 방식에 따라 관계의 질이 달라질 수 있습니다. 가장 중요한 것은 서로를 있는 그대로 받아들이고, 상대의 성향을 존중하는 것입니다.

- 상대의 성향을 단점이 아니라 '다름'으로 받아들이기
- 성격 차이를 인정하되, 조율하는 연습을 함께하기
- 배우자의 강점을 인정하고 존중하는 태도 기르기
- 갈등이 생겼을 때, 해결보다는 '이해'를 우선하는 자세 유지하기

부부 관계는 성격이 다르다고 해서 실패하는 것이 아니라, 서로의 성격을 조율하지 못할 때 어려움이 생깁니다. 성격 차이를 이해하고 해결 방법을 적용한다면, 부부는 더욱 단단한 관계를 형성할 수 있습니다.

제3부

아이를 성장시키는
마법의 힘, 질문 디자인

제1장

좋은 질문이 아이를 키운다

왜 '질문'이 중요한가?

"부모가 던지는 질문의 깊이가 아이의 미래의 높이를 결정한다."
- 하워드 가드너

질문은 단순한 대화의 도구가 아닙니다. 그것은 아이의 사고를 확장하고, 감정을 이해하며, 자율성을 키우는 중요한 열쇠입니다. 부모가 아이에게 던지는 질문 하나하나가 아이의 인지 발달과 정서 성장에 결정적인 역할을 합니다. 우리는 흔히 아이들에게 질문을 통해 정보를 얻으려 하지만, 정작 그 질문이 아이의 사고 과정과 감정에 어떤 영향을 미치는지에 대해서는 깊이 고민하지 않을 때가 많습니다.

어떤 부모는 질문을 교육적 도구로 활용하고, 어떤 부모는 질문을 통제의 수단으로 사용하기도 합니다. 하지만 효과적인 질문은 아이가 자신의 내면을 탐색하고, 스스로 답을 찾도록 이끌어야 합니다. 강요나 정답을 요구하는 질문이 아니라, 열린 질문을 통해 아이의 사고력을 확장시키고, 자신의 감정을 자연스럽게 표현할 수 있도록 도와주는 것이 중요합니다.

질문을 디자인해야 하는 이유

모든 질문이 아이의 성장을 돕는 것은 아닙니다. 어떤 질문은 아이를 위축시키고, 어떤 질문은 사고의 틀을 좁히며, 어떤 질문은 대화를 단절시킵니다. 반면, 올바르게 디자인된 질문은 아이의 사고를 확장시키고, 내면의 동기를 강화하며, 부모와의 신뢰 관계를 더욱 깊게 만듭니다. 따라서 우리는 무심코 던지는 질문이 아니라, 아이의 발달 단계와 성향을 고려한 질문을 설계해야 합니다.

질문을 디자인한다는 것은 아이의 사고 방식을 결정짓는 중요한 과정입니다. 단순한 정보 전달이 아닌, 아이의 경험과 감정을 이끌어내는 과정이 되어야 합니다. 심리학적으로 볼 때, 열린 질문은 아이의 자기표현 능력을 높이고, 정서적 안정감을 제공합니다. 또한 교육학적으로 보면, 문제해결력과 창의성을 길러주며, 커뮤니케이션 이론에서 볼 때, 아이와 부모 간의 신뢰를 형성하는 데 중요한 역할을 합니다.

질문이 아이의 미래를 결정합니다.

질문이 중요한 이유는 단순히 대화를 원활하게 하기 위함이 아닙니다. 질문은 아이가 세상을 바라보는 방식을 형성하며, 도전에 대한 태도를 결정짓고, 문제해결 능력을 길러줍니다. 한 아이가 "왜 나는 실패했을까?"라고 질문하는 것과 "어떻게 하면 다음에는 더 잘할 수 있을까?"라고 질문하는 것은 전혀 다른 사고방식을 만듭니다. 부모가 던지는 질문 하나가 아이의 미래를 바꾸는 시작점이 될 수 있습니다.

부모가 질문하는 방식에 따라 아이의 자존감이 높아질 수도, 낮아질 수도 있습니다. 자율성과 독립성을 키우는 질문은 아이가 스스로 문제를 해결할 수 있는 능력을 길러줍니다. 아이가 질문에 대답하는 과정에서 자신의 감정을 정리하고, 생각을 구조화하며, 새로운 해결책을 찾는 경험을 하게 됩니다. 이는 아이가 성장하면서 더 복잡한 문제를 해결할 수 있는 능력을 갖추는 데 도움이 됩니다.

그러므로 우리는 질문을 단순한 대화 수단이 아니라, 아이의 성장을 이끄는 중요한 도구로 인식해야 합니다. 질문을 어떻게 던지는지가 아이의 자존감과 창의성, 그리고 문제해결 능력을 결정짓습니다. 이 책에서는 부모가 아이에게 효과적으로 질문하는 방법을 제시하고, 질문을 통해 아이의 사고력과 감정을 성장시키는 방법을 구체적으로 탐색할 것입니다. 질문 하나가 아이의 인생을 바꿀 수 있음을 기억하세요.

아이들은 질문을 먹고 자란다

"질문은 아이들의 첫 번째 언어이자, 세상을 배우는 가장 자연스러운 방법이다."

– 하워드 가드너

질문은 아이의 성장 과정에서 가장 중요한 요소 중 하나입니다. 아이는 태어나면서부터 끊임없이 세상을 탐색하고 이해하려는 본능을 가지고 있습니다. 특히 언어를 습득하고 사고력을 키우는 초기 과정에서 질문은 필수적인 도구가 됩니다. 연구에 따르면, 유아기 아이들은 하루 평균 300~400개의 질문을 한다고 합니다. 이는 아이가 주변 환경을 학습하고 논리적 사고를 확장하는 데 필수적인 과정입니다. 그러나 부모가 아이의 질문을 어떻게 받아들이고 대응하는가에 따라 아이의 사고력과 창의력은 크게 달라질 수 있습니다.

아이들은 질문을 통해 세상을 배우고, 그 과정에서 자연스럽게 사고력을 확장시킵니다. 그러나 부모의 반응 방식에 따라 아이가 질문을 계속할 수도, 질문을 멈출 수도 있습니다. 네 살 된 아이가 "왜 하늘은 파란색이야?"라고 물었을 때, 부모가 "그냥 원래 그런 거야."라고 답한다면 아이는 호기심을 유지하기 어렵습니다. 반면, "넌 왜 하늘이 파랗다고 생각해?"라고 되물으면 아이는 자신의 생각을 정리하고 논리적으로 설명하려는 습관을 기르게 됩니다. 이러한 과정에서 아이는 단순한 정보 습득이 아니라 논리적 사고와 창의력을 함께 키우게 됩니다.

인지심리학에서는 아이의 질문을 통해 사고 패턴이 형성된다고 봅니다. 질문은 단순한 정보 습득의 도구가 아니라 사고를 확장하고 논리적 연계를 형성하는 기회가 됩니다. 부모가 아이의 질문을 단순히 해결해주는 것이 아니라, 다시 질문을 던지며 사고를 확장하도록 유도하는 것이 중요합니다. 예를 들어, "그렇게 생각한 이유는 뭐야?" "다른 방법으로 생각해 보면 어떨까?"와 같은 질문을 추가하면 아이는 문제를 다각적으로 바라보는 힘을 기르게 됩니다.

질문을 많이 받으며 자란 아이들은 문제해결력과 창의력이 뛰어나다는 연구 결과가 있습니다. 하버드 교육대학원의 연구에 따르면, 어릴 때부터 질문 중심 교육을 받은 아이들은 그렇지 않은 아이들보다 새로운 문제 상황에서 더 창의적인 해결책을 찾아내는 경향이 있었습니다. 이는 질문이 단순한 대화 방식이 아니라, 아이의 두뇌를 활성화하고 사고력을 키우는 강력한 도구라는 점을 보여줍니다.

부모는 아이가 질문을 자유롭게 던질 수 있도록 환경을 조성해야 합니다. 질문에 대해 열린 태도를 가지고, 아이가 스스로 답을 찾도록 돕는 것이 중요합니다. 이를 위해 부모는 아이의 질문에 즉각적인 답을 주기보다는 아이가 탐색할 수 있도록 유도해야 합니다. 아이들은 질문을 먹고 성장합니다. 부모가 던지는 질문이 풍부할수록 아이의 사고력, 창의력, 논리력이 함께 확장됩니다. 질문이 많은 환경에서 자란 아이들은 단순히 정답을 찾는 것이 아니라, 세상을 탐구하는 법을 배우고, 자신의 생각을 논리적으로 정리하는 능력을 키웁니다. 결국, 질문이 풍부한 가정에서 자란 아이들은 문제해결력이 뛰어나며, 비판적 사고력을 갖춘 독립적인 학습자로 성장하게 됩니다.

질문은 단순한 호기심이 아니라 사고를 확장시키고 논리적인 사고 습관을 형성하는 가장 강력한 교육적 도구입니다. 부모가 질문을 잘 활용하면 아이의 두뇌는 더욱 유연하고 창의적으로 성장할 수 있습니다.

질문이 사고력의 근육을 만든다

"아이의 사고력 근육은 '왜?'라는 질문을 통해 성장한다."

– 피아제

사고력은 단순히 주어진 정보를 기억하는 것이 아니라, 이를 분석하고 문제를 해결하며 새로운 아이디어를 창출하는 능력입니다. 뇌과학 연구에 따르면, 인간의 두뇌는 반복적인 사고 과정을 통해 발달하며, 이 과정에서 질문이 중요한 역할을 합니다. 특히 전두엽(Prefrontal Cortex)은 논리적 사고, 문제해결, 자기 조절과 같은 고등 인지 기능을 담당하는데, 질문이 많아질수록 이 영역이 활성화됩니다.

질문은 사고력의 근육을 단련하는 역할을 합니다. 마치 신체의 근육이 운동을 통해 강화되듯이, 사고력도 반복적인 질문과 답변 과정을 통해 발전합니다. 아이가 스스로 질문하고 답을 찾도록 유도하면, 논리적으로 사고하는 능력이 향상되고, 다양한 관점에서 문제를 바라보는 힘이 길러집니다. 예를 들어, 아이가 "물이 뜨거우면 왜 김이 나?"

라고 질문했을 때, 부모가 "그건 증발 때문이야."라고 즉시 답하는 대신 "넌 왜 그런다고 생각해?"라고 다시 물어본다면, 아이는 자신의 사고 과정을 정리하고 스스로 결론을 내리는 경험을 하게 됩니다.

인지심리학에서는 이러한 과정을 '메타인지(Metacognition)'라고 부르며, 자신의 사고를 점검하고 조절하는 능력이 향상될 때 학습 효과가 극대화된다고 봅니다. 메타인지가 발달한 아이는 학습 과정에서 주어진 정보를 단순히 받아들이는 것이 아니라, 이를 스스로 평가하고 더 나은 해결책을 고민하는 습관을 갖게 됩니다. 이는 시험 문제를 풀거나 창의적인 과제를 수행할 때 중요한 역할을 합니다.

질문을 통한 사고력 훈련은 특히 STEM(과학, 기술, 공학, 수학) 교육에서 강조됩니다. 창의적인 문제해결 능력이 요구되는 분야에서는 단순한 정답 암기보다 다양한 해결책을 탐색하는 능력이 더욱 중요하기 때문입니다. 예를 들어, 과학 실험에서 "왜 이 결과가 나왔을까?"라고 질문하면 아이는 실험 과정을 되짚어보고 다양한 변수를 고려하게 됩니다. 이는 논리적 추론과 실험적 사고력을 기르는 데 도움이 됩니다.

부모가 질문을 통해 아이의 사고력을 강화하려면 몇 가지 전략을 적용할 수 있습니다.

첫째, 열린 질문을 활용하는 것입니다. "왜?", "어떻게?", "다른 방법은 없을까?"와 같은 질문은 아이가 깊이 사고하도록 돕습니다.

둘째, 정답을 바로 주기보다 아이가 스스로 답을 찾도록 기다리는 것입니다.

　사고력은 단시간에 길러지는 것이 아니라 반복적인 사고 과정을 통해 형성되므로, 부모가 참을성을 가지고 아이의 답변을 기다리는 것이 중요합니다.

　셋째, 일상 속에서 사고력을 자극하는 환경을 조성하는 것입니다. 예를 들어, 책을 읽을 때 "이 이야기는 어떻게 끝날까?"와 같은 예측 질문을 던지면 아이는 스토리 전개를 논리적으로 분석하는 습관을 기를 수 있습니다.

　결국, 질문은 아이의 사고력을 키우는 가장 강력한 도구입니다. 질문이 많은 환경에서 자란 아이는 문제를 다양한 각도에서 바라보는 능력을 갖추고, 비판적 사고와 창의적 문제해결을 길러 독립적인 학습자로 성장할 수 있습니다. 부모가 아이의 질문을 적극적으로 활용하고, 더욱 깊이 있는 사고를 유도하는 질문을 던진다면, 아이의 두뇌는 더욱 탄탄하게 발달할 것입니다.

부모의 질문 패턴이
아이의 대화 능력을 결정한다

"아이와의 대화에서 던지는 질문의 유형이 그들의 사고 패턴을 형성한다."

– 레프 비고츠키

부모가 아이에게 던지는 질문은 단순히 정보 전달의 수단이 아니라, 아이의 언어 발달과 대화 능력을 결정하는 핵심 요소입니다. 아이는 부모와의 대화를 통해 사고를 정리하고, 감정을 표현하며, 사회적 관계 속에서 효과적으로 소통하는 방법을 배웁니다. 인지심리학과 언어학 연구에 따르면, 부모가 어떤 유형의 질문을 반복적으로 사용하느냐에 따라 아이의 언어 표현력과 논리적 사고력이 큰 차이를 보입니다.

부모의 질문 패턴은 크게 세 가지 유형으로 나눌 수 있습니다.

첫째, **단순 확인형** 질문입니다. "숙제 했어?" "밥 먹었어?" 같은 질문들은 아이가 '예' 또는 '아니요'로 간단히 답할 수 있기 때문에 깊이 있는 대화로 이어지기 어렵습니다. 이러한 질문이 반복되면 아이는 사고를 확장하는 기회를 놓치고, 대화 능력도 제한될 가능성이 큽니다.

둘째, **지시형 질문**입니다. "이렇게 해야 해.""이걸 먼저 해." 같은 질문은 사실상 지시문에 가깝습니다. 부모가 해결책을 미리 정해놓고 아이에게 따르도록 유도하는 방식입니다. 이런 질문을 반복적으로 받는 아이는 스스로 생각하기보다는 정해진 틀 안에서 반응하는 습관을 가지게 됩니다.

셋째, **사고 확장형 질문**입니다. "넌 어떻게 생각해?""이 문제를 해결하려면 어떤 방법이 있을까?""네 입장에서는 어떤 점이 중요하다고 느껴?" 같은 질문들은 아이가 자신의 생각을 깊이 있게 정리하고 표현하는 기회를 제공합니다. 이러한 질문을 많이 받는 아이들은 대화를 통해 논리적 사고력을 키우고, 자신감을 가지고 의사를 표현할 수 있는 능력을 갖추게 됩니다.

예를 들어, 아이가 "친구가 나한테 장난을 쳤어."라고 말했을 때, 부모가 "그래서 네 기분이 어땠어?"라고 질문하면 아이는 감정을 인식하고 표현하는 능력을 키울 수 있습니다. 반면, "그냥 무시해."라는 반응을 보이면 아이는 자신의 감정을 깊이 생각해보거나 표현할 기회를 잃게 됩니다.

아이의 언어 능력과 대화 기술을 발전시키기 위해 부모는 몇 가지 실천 전략을 적용할 수 있습니다.

첫째, **열린 질문을 많이 던지는 것**입니다. 열린 질문은 아이가 한 문장 이상의 답변을 하도록 유도하며, 자연스럽게 대화가 이어질 수 있도록 돕습니다.

둘째, **아이의 답변을 확장하는 방식으로 피드백**하는 것입니다. "그렇구나.", "좋은 생각이야." 같은 단순 반응보다 "그렇게 생각한 이유는 뭐야?" "그럼 다른 방법도 있을까?"라고 추가 질문을 던지면 아이는 자신의 사고를 더 깊이 발전시킬 수 있습니다.

셋째, **일상 속에서 대화 기회를 늘리는 것**입니다. 부모가 먼저 자신의 경험을 이야기하고, 아이에게 관련된 질문을 던지면 자연스럽게 대화가 풍부해집니다. 예를 들어, "오늘 회사에서 이런 일이 있었는데, 넌 이런 상황에서 어떻게 했을 것 같아?" 같은 질문을 던지면 아이는 부모의 경험을 바탕으로 자신의 의견을 표현하고 사고력을 확장하는 기회를 갖게 됩니다.

결국, 부모가 어떤 질문을 하느냐에 따라 아이의 대화 능력과 사고력은 크게 달라집니다. 단순한 확인형 질문이 아닌 사고를 확장하는 질문을 던질수록 아이는 논리적 사고력과 언어 표현력을 길러나가게 됩니다. 질문은 단순한 대화의 도구가 아니라, 아이의 사고력을 키우고 사회적 소통 능력을 발달시키는 강력한 교육적 수단입니다. 부모가 질문하는 방식을 바꾸면, 아이의 대화 능력과 미래가 변화할 수 있습니다.

성향에 따라 질문이 달라져야 하는 이유

"모든 아이에게 같은 질문을 던지는 것은 다른 나무에 같은 물을 주는 것과 같다. 어떤 나무는 번성하고, 어떤 나무는 시들 것이다."

– 캐롤 드웩

모든 아이는 각기 다른 성격과 사고방식을 가지고 있습니다. 성격 심리학에서 말하는 기질과 교육학에서 강조하는 학습 유형, 그리고 커뮤니케이션 이론에서 다루는 소통 방식은 아이마다 다르게 적용됩니다. 부모가 아이의 성향을 고려하지 않고 일괄적인 질문을 던진다면, 아이는 대화에 흥미를 잃거나 스트레스를 받을 수 있습니다. 반면, 성향에 맞춘 질문은 아이의 사고를 자극하고 대화를 활발하게 만들며, 더 나아가 부모와의 신뢰 관계를 돈독히 하는 역할을 합니다.

심리학적 관점: 기질과 사고 방식에 따른 차이

아이들은 기질적으로 외향적인 아이와 내향적인 아이, 감정적으로 민감한 아이와 논리적으로 사고하는 아이 등 다양한 특성을 지닙니다.

예를 들어, 외향적인 아이는 활동적인 질문에 더 흥미를 느끼고 즉각적인 반응을 보이지만, 내향적인 아이는 깊이 있는 사고를 요구하는 질문에 더 편안함을 느낍니다. 또한 감정이 풍부한 아이는 감정을 탐색하는 질문에 더 긍정적으로 반응하고, 논리적인 아이는 근거와 논리를 따지는 질문을 선호합니다. 따라서 부모가 아이의 기질을 이해하고 그에 맞는 질문을 던질 때, 아이는 더 자연스럽게 자신의 생각을 표현할 수 있습니다.

교육학적 관점: 학습 유형에 따른 질문 방식

교육학에서는 시각적 학습자, 청각적 학습자, 그리고 체험을 통한 학습을 선호하는 운동감각적 학습자가 있다고 봅니다. 질문도 이러한 학습 스타일을 고려해야 합니다. 예를 들어, 시각적 학습자는 그림이나 다이어그램을 활용한 질문을 선호할 수 있으며, 청각적 학습자는 스토리텔링을 활용한 질문에 흥미를 느낍니다. 운동감각적 학습자는 직접 해보는 질문이나 행동을 유도하는 질문에 더 적극적으로 반응할 가능성이 높습니다.

커뮤니케이션 관점: 소통 스타일에 따른 질문 전략

효과적인 대화는 질문뿐만 아니라 소통 방식에서도 차이가 납니다. 어떤 아이는 단순하고 명확한 질문을 좋아하고, 어떤 아이는 열린 질문을 통해 깊이 있는 대화를 즐깁니다. 또한 질문을 던지는 방식도 중요합니다. 강압적인 질문이나 단순한 확인형 질문은 아이를 소극적으로 만들고, 열린 질문과 공감을 담은 질문은 아이가 스스로 사고할 수 있는 기회를 줍니다.

실전 적용: 성향별 질문법 예시

- **외향적인 아이**: "오늘 친구들과 어떤 재미있는 일이 있었어?" [사회적 경험을 중심으로 질문]
- **내향적인 아이**: "오늘 하루 중 가장 의미 있었던 순간은 언제였어?" [개인적인 경험을 탐색하는 질문]
- **감정이 풍부한 아이**: "그때 기분이 어땠어? 무슨 감정이 들었어?" [감정을 표현하도록 유도하는 질문]
- **논리적인 아이**: "네가 내린 결정에 대한 이유를 설명해줄 수 있을까?" [논리적 사고를 확장하는 질문]
- **시각적 학습자**: "이 장면을 그림으로 그려본다면 어떻게 표현할까?" [시각적 사고를 활용한 질문]
- **청각적 학습자**: "이 이야기를 다른 방식으로 들려줄 수 있을까?" [언어적 표현을 촉진하는 질문]

결론: 성향에 맞는 질문이 아이의 사고력을 키웁니다

아이에게 적합한 질문을 던지는 것은 부모가 아이를 더 깊이 이해하는 과정입니다. 아이의 성향에 맞는 질문은 단순한 대화를 넘어서 사고력과 감성, 그리고 문제해결 능력을 키우는 강력한 도구가 됩니다. 부모가 아이의 특성을 고려하여 질문 방식을 조정한다면, 아이는 더욱 자연스럽게 자신의 생각을 표현하고, 부모와의 관계도 한층 더 돈독해질 것입니다.

4가지 성격유형별 질문법 사례

"네 가지 성격유형은 같은 현실을 바라보는 네 개의 다른 창문과 같다. 각 창문에 맞는 질문을 던져야 온전한 풍경을 볼 수 있다."

- 칼 융

예를 들어 '숙제는 언제까지 할거야'라는 질문을 한다면 4가지 유형에 따라 어떻게 표현하면 좋을지 알아보겠습니다.

사자형 아이에게는

"오늘 숙제 완료 목표 시간이 언제니? 시간 계획을 세워볼래?"

사자형 아이는 목표 설정과 성취를 중요시하므로, 시간 계획을 스스로 세우고 결정할 기회를 주는 질문이 효과적입니다. 이는 그들의 주도적인 성향을 존중하는 방식입니다.

돌고래형 아이에게는

"숙제하고 나서 우리 재미있는 활동 같이 할까? 언제쯤 끝낼 수 있을 것 같아?"

돌고래형 아이는 즐거움과 관계를 중요시하므로, 숙제 후의 즐거운 활동과 연결하면서 물어보는 것이 효과적입니다. 긍정적인 분위기에서 질문하는 것이 중요합니다.

강아지형 아이에게는

"숙제하는 데 어려움은 없니? 언제쯤 끝낼 수 있을지 생각해봤어?"

강아지형 아이는 안정감과 지원을 중요시하므로, 지지와 배려를 담은 질문이 효과적입니다. 부담을 주지 않고 편안하게 물어보는 것이 좋습니다.

비버형 아이에게는

"오늘 숙제의 양을 고려했을 때, 완료하기 위한 시간 계획을 어떻게 세웠니?"

비버형 아이는 정확성과 계획성을 중요시하므로, 구체적이고 논리적인 접근을 통한 질문이 효과적입니다. 분석적인 사고를 촉진하는 질문 방식이 좋습니다.

사자형 아이의 질문법

사자형 아이는 타고난 리더 기질을 갖고 있으며, 주도적이고 목표 지향적인 성향을 가집니다. 이들은 도전적인 상황을 즐기고, 경쟁에서 승리하는 것을 중요하게 생각하며, 자신의 생각을 강하게 표현하는 경향이 있습니다. 이러한 아이들에게 효과적인 질문법을 적용하면, 리더십을 긍정적인 방향으로 발전시키고 협력하는 태도를 익히도록 도울 수 있습니다.

사자형 아이에게 효과적인 질문은 주도성과 책임감을 강화하면서도, 협력과 공감을 유도하는 방향으로 구성되어야 합니다. "이 일을 성공적으로 해내려면 어떤 전략이 필요할까?"와 같은 질문은 아이가 자신의 목표를 구체적으로 정리하고 실천 계획을 세우는 데 도움이 됩니다.

사자형 아이를 위한 질문의 예시

- "이 목표를 달성하려면 어떤 계획이 필요할까?" → 자기 주도적 목표 설정 능력 강화
- "팀원들과 협력할 때 가장 중요한 가치는 무엇일까?" → 협업 능력 향상
- "네가 리더라면, 다른 사람들에게 어떤 역할을 맡길까?" → 조직력 및 책임감 강화
- "이 결정이 팀 전체에 어떤 영향을 미칠까?" → 공감력 및 리더십 발달

사자형 아이를 키우는 대화법

사례 1: 학교 프로젝트에서 주도권을 쥐고 싶은 아이

10세 아이가 학교 팀 프로젝트에서 모든 결정을 스스로 내리려고 할 때, 부모가 "네가 팀장을 맡는다면, 팀원들의 의견을 듣는 것이 왜 중요할까?"라고 질문하면, 아이는 자연스럽게 협력의 가치를 생각하게 됩니다. 이어서 "좋은 리더는 팀원들을 어떻게 이끌어야 할까?"라고 질문하면, 아이는 효과적인 리더십 스타일에 대해 고민할 수 있습니다.

사례 2: 경쟁에서 승리하고 싶어하는 아이

12세 아이가 축구 경기에서 지고 난 후 속상해할 때, "이번 경기에서 가장 잘한 부분은 뭐였어?"라고 질문하면, 아이는 자신의 성과를 되돌아볼 기회를 갖게 됩니다. 이어서 "다음 경기를 위해 어떤 점을 보완하면 좋을까?"라고 묻는다면, 아이는 실수를 반성하고 발전할 방향을 고민하게 됩니다.

부모가 실천할 수 있는 사자형 아이 질문 전략

주도성을 살리되, 협력을 강조하는 질문 던지기

- "네가 다 알아서 해." → "팀원들의 강점을 어떻게 활용할 수 있을까?"
- "네가 리더니까 결정해." → "결정을 내리기 전에 어떤 의견을 들어봐야 할까?"

결과뿐만 아니라 과정도 중요하게 여기는 질문 활용하기

- "이번에 1등 했어?" → "목표를 이루기 위해 어떤 노력을 했어?"

- "왜 졌어?" → "다음에는 어떻게 하면 더 좋은 결과를 낼 수 있을까?"

리더십과 공감력을 동시에 키우는 질문 던지기
- "네가 좋아하는 리더의 특징은 뭐야?"
- "팀이 어려움을 겪을 때 리더는 어떻게 도와야 할까?"
- "혼자서 하기 어려운 일이 있다면, 누구에게 도움을 요청하면 좋을까?"

사자형 아이에게 적절한 질문을 던지면, 아이는 자신의 리더십을 긍정적인 방향으로 활용하고, 다른 사람과 협력하는 법을 배우게 됩니다. 부모가 단순히 아이의 주도성을 강화하는 것이 아니라, 타인을 배려하고 함께 성장하는 리더로 키울 수 있도록 돕는 것이 중요합니다.

돌고래형 아이의 질문법

돌고래형 아이는 사교적이고 감정이 풍부하며, 주변 사람들과의 관계를 중요하게 여깁니다. 이들은 놀이와 대화를 즐기고, 감정을 공유하는 데 능숙합니다. 하지만 때로는 감정 기복이 크고, 다른 사람의 반응에 민감하게 반응하기도 합니다. 따라서 돌고래형 아이에게 적절한 질문을 던지면, 감성적 성장과 관계 형성을 돕고, 자기 이해력을 높일 수 있습니다.

돌고래형 아이에게 효과적인 질문은 감정을 표현하고 타인의 감정을 이해하는 능력을 키우도록 유도하는 질문입니다. "오늘 친구들과 이야기하면서 가장 재미있었던 순간은 언제였어?" 같은 질문은 아이가 대화를 통해 자신의 감정을 정리하고, 관계 속에서 자신이 어떤 역할을 하는지 깨닫도록 돕습니다.

돌고래형 아이를 위한 질문의 예시
- "오늘 친구들과 이야기하면서 가장 기분 좋았던 순간은 언제였어?" → 긍정적인 감정 인식 능력 향상
- "친구가 속상해 보일 때, 네가 어떻게 도와줄 수 있을까?" → 공감력 및 대인관계 기술 발달
- "어떤 친구와 함께 있으면 가장 행복해? 왜 그럴까?" → 자기 이해력 강화
- "네가 친구에게 고마움을 표현하고 싶다면, 어떻게 말할 수 있을까?" → 감정 표현 능력 향상

돌고래형 아이를 키우는 대화법

사례 1: 친구 관계에서 갈등을 겪은 아이

8세 아이가 "친구가 나한테 서운하게 했어."라고 말할 때, 부모가 "그때 네 기분이 어땠어?"라고 물으면, 아이는 자신의 감정을 표현할 기회를 갖게 됩니다. 이어서 "그 친구는 왜 그렇게 행동했을까?"라고 질문하면, 아이는 상대의 입장에서 상황을 이해하는 연습을 하게 됩니다.

사례 2: 새로운 친구를 사귀고 싶은 아이

6세 아이가 "새로운 친구를 사귀고 싶어."라고 말할 때, "어떤 친구와 친해지고 싶어?"라고 묻는다면, 아이는 자신이 원하는 관계에 대해 구체적으로 생각해볼 수 있습니다. 이어서 "친해지려면 어떤 말을 먼저 건네면 좋을까?"라고 질문하면, 아이는 실제 상황에서 행동할 수 있는 방법을 고민하게 됩니다.

부모가 실천할 수 있는 돌고래형 아이 질문 전략

감정을 탐색하고 표현하도록 돕는 질문 던지기
- "친구랑 잘 지냈어?" → "오늘 친구랑 가장 즐거웠던 순간은 언제였어?"
- "왜 울어?" → "지금 어떤 기분이야? 말로 표현할 수 있을까?"

타인의 감정을 이해하고 배려하도록 돕는 질문 활용하기
- "친구한테 그러면 안 돼." → "친구가 그런 행동을 한 이유는 뭐였을까?"
- "너만 생각하지 마." → "네가 친구라면 어떤 기분이 들었을 것 같아?"

사회적 관계를 긍정적으로 발전시키는 질문 활용하기
- "네가 친구에게 해줄 수 있는 가장 따뜻한 말은 뭐야?"
- "친구가 힘들어 보일 때, 네가 할 수 있는 작은 행동은 뭐가 있을까?"
- "만약 네가 친구의 입장이라면, 어떤 말을 듣고 싶을 것 같아?"

돌고래형 아이에게 적절한 질문을 던지면, 아이는 자기 감정을 솔직하게 표현하고, 타인의 감정을 이해하며, 건강한 사회적 관계를 형성하는 능력을 키울 수 있습니다. 부모가 감성적 대화를 통해 아이의 사교성을 긍정적으로 발전시키면, 아이는 더욱 공감력 있는 사회적 리더로 성장할 수 있을 것입니다.

강아지형 아이의 질문법

강아지형 아이는 순응적이고, 타인의 기대를 충족시키려는 성향이 강합니다. 이들은 따뜻한 분위기를 좋아하며, 갈등을 피하려는 경향이 있습니다. 이러한 아이들은 다른 사람의 의견을 존중하고 협력을 잘하지만, 자신의 의견을 표현하는 데 어려움을 겪을 수도 있습니다. 따라서 부모는 강아지형 아이가 스스로의 감정과 생각을 분명히 표현하고, 자신감을 가질 수 있도록 돕는 질문을 해야 합니다.

강아지형 아이에게 효과적인 질문은 자신의 생각을 명확히 표현하고, 타인의 기대에만 맞추기보다 자신의 의견을 존중할 수 있도록 돕는 질문입니다. 예를 들어, "네 생각은 어때?"와 같은 질문은 아이가 자신의 의견을 고민하고 표현하는 연습을 하게 합니다.

강아지형 아이를 위한 질문의 예시
- "이 문제에 대해 네 생각은 어때?" → 자기 의견 표현 연습
- "네가 정말 원하는 것은 무엇일까?" → 자기 욕구 인식 강화

- "모든 사람을 만족시키는 것이 어려울 때, 넌 어떤 결정을 내릴래?" → 자기 주도적 결정 능력 향상
- "다른 사람의 의견도 중요하지만, 너의 생각은 어떻게 달라?" → 독립적인 사고 촉진

강아지형 아이를 키우는 대화법
사례 1: 친구들의 의견을 따르기만 하는 아이
9세 아이가 친구들과 노는 동안 늘 친구들의 의견을 따르기만 한다면, 부모는 "오늘 놀이에서 네가 직접 선택한 부분이 있었어?"라고 물어볼 수 있습니다. 이어서 "다음번에는 네가 먼저 하고 싶은 놀이를 제안해 보면 어떨까?"라고 질문하면, 아이는 자신의 의견을 표현하는 연습을 할 수 있습니다.

사례 2: 갈등을 피하려는 아이
10세 아이가 친구와의 갈등을 피하려고 할 때, 부모가 "그때 네 기분은 어땠어?"라고 묻는다면, 아이는 자신의 감정을 되돌아볼 수 있습니다. 이어서 "너의 감정을 친구에게 표현한다면, 어떤 방식으로 말할 수 있을까?"라고 질문하면, 아이는 갈등을 건강하게 해결하는 방법을 배울 수 있습니다.

부모가 실천할 수 있는 강아지형 아이 질문 전략
자신의 의견을 표현하도록 돕는 질문 던지기
- "친구들이 하는 대로 해." → "너는 어떤 선택을 하고 싶어?"

- "그냥 네가 참아." → "너의 감정을 표현하는 것이 왜 중요할까?"

자기 욕구를 이해하고 존중하도록 유도하는 질문 활용하기

- "다른 사람들을 먼저 생각해." → "너는 무엇을 원하고 있어?"
- "다른 사람이 좋아할 거야." → "너도 이 결정에 만족할 수 있을까?"

사회적 관계 속에서도 자기 생각을 유지하도록 돕는 질문 활용하기

- "네가 친구의 의견을 존중하면서도, 네 생각을 말할 방법이 있을까?"
- "네가 원하지 않는 상황에서 '아니'라고 말하는 것이 왜 중요할까?"
- "다른 사람을 배려하면서도 네 입장을 지킬 수 있는 방법은 뭐가 있을까?"

강아지형 아이에게 적절한 질문을 던지면, 아이는 타인을 배려하면서도 자신의 생각을 존중하는 법을 배울 수 있습니다. 부모가 아이의 의견을 존중하고, 자기 주도적인 사고를 할 수 있도록 격려하면, 아이는 더 건강한 관계를 맺고 자신감 있는 성인으로 성장할 수 있을 것입니다.

비버형 아이의 질문법

비버형 아이는 체계적이고 논리적이며 분석적인 사고를 좋아합니다. 이들은 세부적인 사항을 따지는 것을 즐기고, 계획적으로 행동하며, 명확한 답을 찾으려는 성향이 강합니다. 그러나 때때로 유연성이 부족하고, 완벽주의적인 태도를 보일 수도

있습니다. 부모가 비버형 아이에게 적절한 질문을 던지면, 문제해결 능력을 강화하면서도 유연한 사고를 가질 수 있도록 도울 수 있습니다.

비버형 아이에게 효과적인 질문은 논리적 사고를 더욱 강화하면서도 창의적이고 유연한 접근법을 익히도록 돕는 질문입니다. "이 문제를 해결하려면 어떤 단계를 거쳐야 할까?"와 같은 질문은 아이가 분석적 사고를 활용하면서도 실용적인 해결책을 고민하도록 유도합니다.

비버형 아이를 위한 질문의 예시
- "이 문제를 해결하기 위해 어떤 정보가 필요할까?" → 분석적 사고 능력 향상
- "이 계획을 실행하려면 어떤 단계를 거쳐야 할까?" → 논리적 사고력 강화
- "네 생각과 다른 의견이 있다면, 어떤 점을 고려해야 할까?" → 유연한 사고 습득
- "완벽한 해결책이 없다면, 최선의 대안은 무엇일까?" → 현실적 문제해결력 개발

비버형 아이를 키우는 대화법
사례 1: 세부적인 정보를 확인하고 싶어 하는 아이

10세 아이가 프로젝트를 준비할 때, 세부 사항을 꼼꼼히 따지고 완벽하게 준비하려고 한다면, 부모가 "모든 정보를 찾기 전에 우선순위를 정하면 어떨까?"라고 질문하면, 아이는 분석적인 사고를 유지하면서도

실용적인 접근 방식을 익힐 수 있습니다.

사례 2: 유연성이 필요한 상황에서 답을 찾고 싶은 아이

12세 아이가 시험 준비를 하면서 예상 문제를 전부 암기하려고 한다면, 부모가 "시험 문제를 전부 외우는 대신, 중요한 개념을 중심으로 정리해보는 건 어떨까?"라고 질문하면, 아이는 효과적인 학습 전략을 고민할 기회를 얻게 됩니다.

부모가 실천할 수 있는 비버형 아이 질문 전략

논리적 분석을 강화하면서도 실용성을 고려하는 질문 던지기
- "완벽하게 준비해야 해." → "가장 중요한 핵심 내용은 무엇일까?"
- "네 계획대로 다 해야 해." → "계획에서 조정이 필요한 부분이 있을까?"

유연한 사고를 길러주는 질문 활용하기
- "항상 정답이 있어." → "이 문제를 여러 가지 방식으로 해결할 수 있을까?"
- "틀리면 안 돼." → "실수에서 배울 수 있는 점은 무엇일까?"

창의적인 문제해결력을 키우는 질문 활용하기
- "이 문제를 해결할 더 나은 방법이 있을까?"
- "비슷한 상황에서 다른 사람들은 어떻게 해결했을까?"
- "새로운 방식으로 접근하면 어떤 결과가 나올까?"

비버형 아이에게 적절한 질문을 던지면, 아이는 논리적 사고를 더욱 발전시키면서도 창의적이고 유연한 태도를 익힐 수 있습니다. 부모가 아이의 분석적 성향을 존중하면서도 열린 사고를 유도하면, 아이는 균형 잡힌 사고력을 가진 문제해결자로 성장할 수 있을 것입니다.

각 성향의 아이들에게는 그들의 특성을 고려한 질문 방식이 효과적이며, 같은 내용을 물어보더라도 질문하는 방식을 달리하면 아이들의 반응과 참여도가 크게 달라질 수 있습니다.

제2장

코치형 아빠의 질문법

부모가 실수하는 4가지 유형의 질문

"질문이 대화가 아닌 심문이 될 때, 부모와 자녀의 관계는 경찰과 용의자의 관계가 된다."

- 스티브 비달

확인형 질문의 한계

부모들은 종종 아이와의 대화를 시작할 때 확인형 질문을 사용합니다. "숙제 다 했어?" "학교에서 뭐 했어?" 같은 질문들은 부모가 아이의 하루를 알고 싶어 하는 의도로 던지지만, 실제로는 아이의 대답을 제한하고 대화를 단절시킬 가능성이 높습니다. 확인형 질문은 아이가 '예' 또는 '아니요'로만 답할 수 있는 질문이기 때문에 깊이 있는 대화를 유도하기 어렵습니다.

확인형 질문이 가지는 가장 큰 한계는 아이의 사고력을 확장시키지 못하고, 감정 표현의 기회를 제한한다는 것입니다. 예를 들어, "오늘 점심 뭐 먹었어?"라고 묻는 대신 "오늘 점심 중에 특별히 맛있었던 것은 뭐였니? 어떤 맛이었는지 설명해줄 수 있어?"라고 묻습니다. 이 질문은 아이에게 단순히 정보를 전달하는 것을 넘어서 자신의 경험을 회상하고, 맛에 대한 감각을 언어로 표현하는 기회를 제공합니다.

확인형 질문의 문제점
대화가 단절될 가능성이 크다
부모 "학교에서 뭐 했어?"
아이 "공부했어."
부모 "그래…." [대화 종료]

반면, 열린 질문을 사용하면 대화가 계속될 가능성이 커집니다.
부모 "오늘 수업 중에 가장 재미있었던 부분은 뭐였어?"
아이 "과학 시간에 실험했어!"
부모 "어떤 실험이었어? 재미있었겠다!" [대화 지속]

아이의 사고 확장을 방해한다
- 확인형 질문: "숙제 다 했어?" → "응."
- 사고 확장 질문: "숙제를 하면서 가장 어려웠던 부분은 뭐였어?"
  → "수학 문제 중에 한 부분이 어려웠어."

아이의 감정을 읽어내기 어렵다
- 확인형 질문: "친구랑 잘 지냈어?" → "응."

- 감정 표현 유도 질문: "오늘 친구랑 이야기하면서 기분이 어땠어?" → "기쁜 일도 있었지만 속상한 일도 있었어."

확인형 질문 대신 사용할 수 있는 질문들
- "학교에서 뭐 했어?" → "오늘 수업 중에 가장 재미있었던 건 뭐였어?"
- "숙제 다 했어?" → "숙제를 하면서 어떤 점이 어려웠어?"
- "밥 먹었어?" → "오늘 먹은 음식 중에서 가장 맛있었던 건 뭐였어?"
- "친구랑 잘 지냈어?" → "오늘 친구랑 이야기하면서 어떤 기분이 들었어?"

부모가 실천할 수 있는 대화법

확인형 질문을 열린 질문으로 바꾸기

아이가 생각을 확장할 수 있도록 질문을 구성해야 합니다. "했어?" "아니야?"로 끝나는 질문보다, 감정을 탐색하고 경험을 공유할 수 있도록 유도하는 것이 중요합니다.

아이의 답변을 확장하는 피드백을 주기

아이가 짧게 대답하더라도 "그렇구나."로 끝내지 않고, "그 부분이 가장 재미있었던 이유는 뭐야?"와 같이 추가 질문을 던지면 대화가 더욱 풍성해집니다.

일상 속에서 자연스럽게 적용하기

"오늘 기분은 어땠어?"처럼 감정을 탐색하는 질문을 자주 던지면, 아이가 감정을 솔직하게 표현하는 습관을 기를 수 있습니다.

확인형 질문을 피하고 열린 질문을 활용하면, 부모와 아이의 대화가 더욱 깊어지고, 아이는 자신의 생각과 감정을 자유롭게 표현할 기회를 갖게 됩니다. 부모가 던지는 질문 하나가 아이의 사고력과 감정 표현 능력을 크게 변화시킬 수 있음을 기억해야 합니다.

추궁하는 질문이 아이를 위축시킨다

부모는 아이의 잘못된 행동을 바로잡기 위해 의도적으로 질문을 던지지만, 때로는 이러한 질문이 아이를 위축시키고 방어적으로 만들 수 있습니다. "왜 그렇게 했어?" "도대체 무슨 생각으로 그런 거야?" 같은 추궁형 질문은 아이가 자신의 행동을 성찰하기보다 변명하거나 거짓말을 하도록 몰아갈 가능성이 높습니다.

추궁하는 질문은 아이에게 심리적 압박을 주고, 자기 방어적 태도를 강화합니다. 아이는 자신의 행동을 반성하기보다는 비난받고 있다는 느낌을 받기 쉬우며, 이로 인해 부모와의 신뢰 관계도 약화될 수 있습니다. 부모가 아이의 행동을 개선시키고 싶다면, 단순한 추궁이 아니라 아이가 자신의 감정과 행동을 돌아볼 수 있도록 유도하는 질문을 던지는 것이 중요합니다.

추궁하는 질문이 아이에게 미치는 부정적인 영향

방어적인 태도를 형성한다

부모 "왜 거짓말했어?"

아이 "안 했어…." [거짓말을 인정하기 어려움]

부모 "거짓말하면 더 큰일 나!"

아이 "아니라고 했잖아!" [부모와의 갈등 심화]

반면, 열린 질문을 사용하면 아이가 솔직하게 말할 가능성이 커집니다.

부모 "네가 그렇게 말한 이유가 있을 것 같은데, 이야기해줄 수 있겠니?"

아이 "혼날까 봐 무서웠어요." [진솔한 대화 가능]

자존감을 낮추고 소극적인 성향을 만듭니다

부모 "왜 이렇게 실수를 많이 하니?"

아이 "난 바보인가 봐…." [자신감 하락]

반면, 개선 가능성을 열어주는 질문을 던지면 아이는 긍정적으로 반응할 수 있습니다.

부모 "이번 실수에서 배운 점이 있다면 뭐야?"

아이 "좀 더 집중해서 해야겠어요."

부모와의 신뢰 관계를 약화시킵니다

아이는 부모에게 솔직해지기 어렵고, 자신의 감정을 숨기려 합니다. 계속되는 추궁은 부모와의 대화를 피하고 싶어지게 만듭니다.

추궁하는 질문 대신 사용할 수 있는 질문들
- "왜 숙제를 안 했어?" → "숙제를 하면서 어려운 점이 있었니?"
- "도대체 무슨 생각으로 그런 거야?" → "네가 그렇게 행동한 이유가 궁금해."
- "왜 그렇게 말했어?" → "그 말을 하게 된 배경을 이야기해줄 수 있을까?"

부모가 실천할 수 있는 대화법

<u>아이의 감정을 이해하는 질문 던지기</u>
- 아이의 행동이 아니라, 행동의 이유를 이해하려는 태도를 가져야 합니다. 예) "그 상황에서 네 기분은 어땠어?"

<u>해결책을 찾도록 돕는 질문 사용하기</u>
- "이런 일이 다시 생기지 않도록 하려면 어떻게 하면 좋을까?"
- "다음에는 어떤 방법을 써보면 더 나을까?"

<u>부드러운 어조와 긍정적인 태도로 접근하기</u>
- 강압적인 말투 대신 차분한 톤을 유지하는 것이 중요합니다.
- "네 입장에서 어떤 기분이 들었는지 궁금해."

추궁하는 질문을 피하고 열린 질문을 사용하면, 아이는 자신을 방어하기보다는 솔직한 태도로 대화에 임할 수 있습니다. 부모가 아이를 신뢰하고 지지하는 태도를 보일수록, 아이는 자신의 감정과 행동을 더욱 건강하게 표현할 수 있을 것입니다.

비난하는 질문이 아이의 자존감을 낮춘다

부모는 때때로 아이를 훈육하거나 문제를 해결하기 위해 질문을 던지지만, 이 과정에서 비난의 요소가 포함될 경우 아이의 자존감을 심각하게 해칠 수 있습니다. "넌 왜 항상 이러니?" "도대체 뭐가 문제야?" 같은 비난형 질문은 아이를 위축시키고, 자기 가치에 대해 부정적으로 인식하게 만듭니다.

비난하는 질문은 아이가 자신의 행동을 되돌아보기보다, 부모의 기대에 맞추지 못했다는 죄책감을 느끼게 합니다. 특히 반복적으로 비난을 받으면 아이는 부모에게 자신의 감정을 솔직하게 표현하기 어려워지고, 문제해결보다는 회피하거나 변명하는 습관을 갖게 됩니다.

비난하는 질문이 아이에게 미치는 부정적인 영향
자존감 저하
부모 "왜 이렇게 실수를 자꾸 하니?"
아이 "난 정말 바보인가 봐…." [자기 부정적 사고 강화]

반면, 문제해결 중심의 질문을 하면 아이는 자신의 성장을 긍정적으로 받아들일 수 있습니다.

부모 "이번 실수에서 배운 점이 있다면 뭐야?"
아이 "다음에는 더 신중하게 해야겠어요." [자기 효능감 향상]

부모와의 신뢰 약화

비난이 지속되면 아이는 부모에게 솔직해지는 것을 두려워하게 됩니다.
부모 "또 형편없이 했네!" → **아이** [부모에게 숨기거나 변명하려 함]

반면, 열린 질문을 하면 아이는 솔직하게 자신의 상황을 공유할 수 있습니다.
부모 "이번에는 어떤 점이 어려웠어?" → **아이** "시간이 부족했어요."

도전 의욕 감소

부모 "이렇게 해서 네가 뭘 할 수 있겠어?"
아이 "난 아무것도 못 해…." [자신감을 상실하고 새로운 시도를 꺼림]
- 긍정적인 질문 예시: "이 일을 잘하기 위해 어떤 방법이 필요할까?"

비난하는 질문 대신 사용할 수 있는 질문들
- "왜 이렇게 게으르니?" → "시간을 더 효율적으로 사용하려면 어

떻게 하면 좋을까?"
- "넌 왜 항상 똑같은 실수를 하니?" → "이번에는 어떤 점을 다르게 해볼 수 있을까?"
- "도대체 생각이 있는 거야?" → "이 결정을 내리면서 고려한 점은 뭐야?"
- "또 문제를 일으켰니?" → "어떤 점이 문제라고 생각해?"

부모가 실천할 수 있는 대화법

비난이 아니라 개선점을 찾도록 유도하기
- 아이가 실수했을 때, "왜 또 그러니?" 대신 "이번 실수를 통해 배울 수 있는 점은 뭐야?"라고 질문하면 아이는 스스로 문제해결을 고민하게 됩니다.

문제해결 중심의 질문을 던지기
- "이번 경험을 통해 네가 바꾸고 싶은 점은 있어?"
- "비슷한 상황에서 더 나은 선택을 하려면 어떤 방법이 있을까?"

감정을 존중하는 질문 활용하기
- "네가 그렇게 행동했을 때 어떤 기분이 들었어?"
- "그 상황에서 넌 어떤 선택을 할 수도 있었을까?"

비난하는 질문을 피하고 열린 질문을 사용하면, 아이는 자신의 실수를 부정적인 경험이 아니라 성장의 기회로 받아들일 수 있습니다. 부모가 아이의 감정을 존중하며 대화를 유도할수록, 아이는 더욱 건강한 자존감을 형성할 수 있을 것입니다.

비교하는 질문이 아이의 자신감을 무너뜨린다

부모는 종종 아이를 격려하거나 동기부여하기 위해 다른 사람과 비교하는 질문을 던집니다. "형은 저렇게 잘하는데 너는 왜 못하니?" "친구들은 다 했는데 넌 왜 안 했어?" 같은 비교형 질문은 아이의 자신감을 낮추고, 자존감을 훼손하는 주요 원인이 됩니다.

비교하는 질문은 아이에게 압박감을 주고, 스스로 부족하다는 인식을 심어줄 수 있습니다. 특히 반복적으로 비교당한 아이는 자신의 가치를 타인의 성취에 맞춰 평가하게 되어, 자기 확신이 부족하고 실패에 대한 두려움을 갖게 됩니다. 비교는 동기부여가 아니라 좌절감을 안겨줄 수 있음을 부모는 명심해야 합니다.

비교하는 질문이 아이에게 미치는 부정적인 영향
자신감을 낮추고 열등감을 키웁니다
부모 "네 친구는 1등 했는데, 너는 왜 그 점수밖에 못 받았어?"
아이 "난 아무리 해도 안 돼…." [자기 효능감 하락]

반면, 자기 성장 중심의 질문을 하면 아이는 자신감을 유지할 수 있습니다.

부모 "이번 시험에서 네가 가장 노력한 부분은 뭐였어?"
아이 "수학 문제를 열심히 풀었어요!" [긍정적 자기 인식 형성]

외부 기준에 의해 자기 가치를 평가하게 만듭니다
부모 "누구처럼만 하면 좋을 텐데."
아이 "난 그 사람만큼 못하니까 가치가 없어." [자기 비교로 인한 불안 증가]
- 자기 성장 중심의 질문 예시: "너 자신을 위해 이번에 가장 발전한 점은 뭐야?"

동기부여보다 위축감을 줍니다
부모 "네 친구들은 다 숙제했는데 넌 왜 안 했어?"
아이 "난 느려서 안 될 거야."
- 동기부여를 주는 질문 예시: "숙제를 하면서 네가 스스로 칭찬하고 싶은 부분은 뭐야?"

비교하는 질문 대신 사용할 수 있는 질문들
- "형처럼 하면 안 되겠어?" → "네 방식대로 잘할 수 있는 방법이 있을까?"
- "네 친구는 잘하는데 넌 왜 안 돼?" → "네가 좋아하는 방법으로 연습해 보면 어떨까?"
- "누구는 이렇게 하는데 너는 왜 안 하니?" → "네가 성장한 점을 스스로 돌아볼 수 있을까?"

부모가 실천할 수 있는 대화법

자기 성장에 집중하는 질문 던지기
- 아이가 자신의 성취를 타인의 기준이 아니라 자신의 발전으로 평가하도록 유도해야 합니다. 예) "네가 지난번보다 더 나아진 점은 뭐야?"

현재의 노력과 과정을 인정하는 질문 활용하기
- "이번에 가장 노력한 부분은 뭐였어?"
- "네가 자랑스럽게 생각하는 순간이 있었어?"

아이의 감정을 존중하는 질문하기
- "이 일을 하면서 어떤 기분이 들었어?"
- "네가 원하는 방식으로 도전해보는 건 어떨까?"

비교하는 질문을 피하고 아이의 개별적인 성장과 노력을 인정하는 질문을 하면, 아이는 타인의 시선이 아닌 자신의 발전에 집중할 수 있습니다. 부모가 아이의 강점을 존중하고 격려할수록, 아이는 자신감을 가지고 도전하는 태도를 형성할 수 있을 것입니다.

코치형 아빠가 되는 5가지 스킬
아이와 신뢰를 강화하는 라포 형성

"진정한 라포는 아이의 말을 단순히 듣는 것이 아니라, 그들의 마음으로 듣는 것이다."

– 칼 로저스

라포(Rapport)는 심리학에서 '신뢰 관계'를 의미하며, 상대방과의 정서적 교감을 통해 친밀감을 형성하는 과정입니다. 이는 단순한 대화 이상의 의미를 지닙니다. 아이가 아빠와 이야기할 때 '내 감정을 이해해주는구나', '아빠라면 내 이야기를 해도 괜찮겠어'라고 느끼게 만드는 것이 바로 라포입니다. 신뢰가 쌓이면 아이는 자연스럽게 자신의 속마음을 털어놓고, 부모의 조언을 받아들이는 태도를 갖게 됩니다.

라포 형성이 주요한 이유를 한 초등학생 아들을 둔 아빠의 경험을 통해 살펴보겠습니다. 직장일로 바쁜 A씨는 퇴근 후 아들과 대화할 때마다 잔소리가 먼저 나왔습니다.

"공부는 했어?"

"게임 그만하고 일찍 자라!"

어느 날, 아들은 더 이상 대답하지 않고 방으로 들어가 버렸습니다. A씨는 아들과의 관계가 점점 멀어지고 있다는 불안감을 느꼈습니다. 지시나 훈계, 말하는 도중에 끼어들기, 아이의 감정 무시하기, 아이의 관심사에 무관심한 아버지는 아이들과 가까워지기는 어렵습니다.

아이들은 자신을 존중해 주고 공감해 주는 사람에게 마음을 엽니다. 라포가 형성되지 않은 상태에서 부모가 아무리 좋은 조언을 해도, 아이에게는 잔소리로 들릴 뿐입니다. 반면, 라포가 형성된 부모와의 대화에서는 아이들이 자신의 감정을 솔직하게 표현하고, 부모의 의견을 더 진지하게 받아들입니다.

그렇다면 왜 아이들과의 라포 형성이 어려운 것일까?

현대 사회에서 아빠들은 바쁜 직장 생활과 피로로 인해 아이들과의 질적인 대화 시간이 절대적으로 부족한 경우가 많습니다. 또한 아빠들은 논리적이고 해결 중심적인 대화를 선호하는 경향이 있다 보니 대화가 아닌 지시나 훈계를 하는 경우가 많습니다.

예를 들어, 아들이 "친구랑 싸웠어."라고 말하면, '왜? 싸웠니?' 질문을 하고 다음과 같이 말하는 경우가 많습니다.

"네가 잘못했네."

"다음엔 싸우지 말고 먼저 양보해."

"네가 참아야지."

이렇게 해결책을 제시하는 경우가 많습니다.

하지만 아이들은 당장의 해결책보다 자신의 감정을 공감해 주길 원합니다. "그래서 속상했겠구나."라는 한마디가 아이의 마음을 열어주는 열쇠가 될 수 있습니다.

아이들과의 라포 형성을 위해 아빠들이 실천하면 좋은 방법들을 살펴보면 다음과 같습니다.

(1) 아이들의 실수를 기회로 삼기

식사 도중에 아이가 잘못하여 식탁에 있는 그릇이 떨어져 깨졌다고 가정해 보겠습니다. 이때 부모는 어떤 말을 할까요? 일반적으로는 '좀 조심하지'와 같은 피드백을 할 것입니다. 이런 말을 들으면 아이는 위축될 것입니다. 이런 때는 0.5초의 망설임도 없이 당황해 하는 아이를 바라보며 '어디 다치지 않았어? 다치지 않았으면 됐어'라고 이야기 해보세요. 어찌 이런 아빠를 아이가 신뢰하지 않겠어요? 실수를 통해 아이는 성장하고 부모는 이런 기회를 잘 활용하면 아이와 더 가까워질 수 있습니다.

(2) 아이의 말에 귀 기울이기

아이와 대화할 때 스마트폰을 내려놓고 눈을 맞추며 집중하는 것이 중요합니다.

어느 날, 바쁜 직장인 B씨는 퇴근 후 딸이 "오늘 학교에서 있었던 일 이야기해도 돼?"라고 묻자, TV를 보면서 "응, 말해봐."라고 대답했습니다. 하지만 딸은 실망한 표정을 짓고 방으로 가버렸습니다. 이후 B씨는 아이와 대화할 때 TV를 끄고 온전히 경청하기 시작했고, 딸도 점점 많은 이야기를 털어놓게 되었습니다.

(3) 공감 표현하기

"그래서 네 기분이 어땠어?"

"그 상황에서 정말 속상했겠구나."

이런 말들은 아이가 '아빠가 내 감정을 이해하려고 하는구나'라고 느끼게 만듭니다. 공감을 먼저 해주면 아이도 자연스럽게 대화를 이어가고 싶어집니다.

(4) 아이가 좋아하는 것에 관심 가지기

게임, 만화, 스포츠 등 아이가 좋아하는 주제에 대해 먼저 물어보고 관심을 가지는 것이 좋습니다.

C씨는 아들이 좋아하는 게임 이야기를 하며 "그 게임에서 제일 어려운 부분이 뭐야?"라고 물었고, 아들은 신나서 설명하기 시작했습니다.

이러한 관심은 '아빠가 나를 이해하려고 노력하는구나'라는 신호가 되어 관계를 더 돈독하게 만듭니다.

(5) 잔소리 대신 질문하기

"너 숙제 안 했지?"보다는 "오늘 숙제 중에서 제일 어려웠던 게 뭐야?"라고 질문하는 것이 더 효과적입니다.

질문을 통해 아이 스스로 대화에 참여하도록 유도하면, 강요하지 않아도 아이는 자신의 생각을 자연스럽게 말하게 됩니다.

아이와 라포를 형성하는 것은 단번에 이루어지는 일이 아닙니다. 하지만 아빠가 하루 10분이라도 아이의 이야기에 집중하고, 공감하며, 관심을 가져주는 작은 변화만으로도 아이와의 관계는 달라질 수 있습니다.

오늘부터라도 아이가 말할 때 핸드폰을 내려놓고, 눈을 맞추며 "그랬구나." 한마디를 건네보세요. 그것이 라포 형성의 첫걸음이 될 것입니다.

코치형 아빠가 되는 5가지 스킬
아이의 마음을 이해하는 관찰하기

"판단은 이해의 문을 닫고, 관찰은 그 문을 여는 열쇠이다."

– 마샬 로젠버그

자세히 보아야 答(답)이 보인다.

아빠로서 자녀를 잘 이해하고 좋은 부모가 되기 위해 가장 중요한 것 중 하나는 바로 '관찰'입니다. 아이의 행동, 표정, 말투 등을 주의 깊게 살펴보는 관찰은 아이를 '판단'하지 않고 사실을 있는 그대로 이해할 수 있게 해줍니다. 그렇다면, 아빠들은 왜 관찰을 잘하지 못할까요? 그리고 어떻게 하면 더 좋은 관찰자가 될 수 있을까요? 이번 글에서는 초등학생 자녀를 둔 아빠들에게 관찰의 중요성과 실천 방법을 사례 중심으로 전해드리고자 합니다.

1. 관찰이란 무엇인가?

관찰은 단순히 눈으로 보는 것을 넘어서, 아이의 행동과 말 속에 숨겨진 의도와 감정을 이해하는 과정입니다.

"관찰은 아이를 있는 그대로 바라보는 것이다."

예를 들어, 아이가 숙제를 하면서 한숨을 쉬었다면, 그냥 "숙제가 싫구나."라고 단정 짓는 것이 아니라, "무엇 때문에 힘들어할까?"라고 생각하며 아이의 표정, 손놀림, 목소리 등을 세심하게 살피는 것이 관찰입니다. 관찰의 반대는 판단입니다. 아이의 한숨소리를 들으며 '숙제가 싫구나'라고 단정짓는 게 판단인 것입니다. 판단은 과거의 경험 등으로 굳어진 자동적 사고입니다.

2. 관찰이 왜 중요한가?

1) 아이의 진짜 마음을 이해할 수 있습니다.

관찰을 하면 아이의 행동 이면에 숨겨진 감정과 욕구를 파악할 수 있습니다.

사례: 초등학교 2학년 아들이 축구 연습 후 무기력하게 소파에 누워있습니다. 보통은 활기차게 뛰어놀던 아이였기에, 아빠는 "오늘 힘들었구나."라고 생각하며 말을 걸지 않았습니다. 그러나 자세히 보니 아이가 가끔씩 한숨을 쉬고 있습니다. 아빠가 "오늘 경기에서 무슨 일이 있었니?"라고 묻자, 아이는 "친구들이 내 축구화가 낡았다고 놀렸어."라며 속상함을 털어놨습니다. 아빠의 세심한 관찰 덕분에 아이의 진짜 속마음을 들을 수 있었던 것입니다.

2) 아이의 강점과 관심사를 발견할 수 있습니다.

아이의 반복적인 행동이나 표정을 관찰하면, 무엇을 좋아하고 잘하는지 파악할 수 있습니다.

사례: 초등학교 3학년 딸이 친구들과 카페를 만들어서 릴레이 소설을 쓰는데 재미있다고 이야기 합니다. 글쓰는 것에 흥미를 가지고 있다는 것을 파악한 부모는 백일장 대회에 참여하게 하였습니다. 이후 아이는 각종 백일장 대회에서 상을 받았고 논술에서도 재능을 발휘하고 있습니다.

관찰을 통해 사실을 파악하고 질문을 하면 문제를 해결하고 관계가 더 좋아집니다. 하지만 판단을 하게 되면 아이의 반발을 불러 일으키고 관계가 악화될 수 있습니다. 관찰을 방해하는 요소로는 후광효과, 첫인상 효과, 개인적 편견, 기억오차, 대비오차 등이 있습니다.

3. 왜 아빠들은 관찰을 잘하지 못하는가?

1) 바쁜 일상과 피로
아빠들은 직장과 가정의 균형을 맞추느라 지치기 쉽습니다. 바쁜 하루를 마치고 집에 오면, 아이를 세심하게 관찰하기보다는 잠시 쉬고 싶은 마음이 큽니다.

2) 고정관념과 성급한 판단
"남자아이는 원래 말이 없지.", "여자아이는 감정 기복이 심해." 같은 고정관념이 관찰을 방해합니다. 또한 아이의 행동을 단순히 결과로만 판단하고 지나치는 경우가 많습니다.

예시: 초등학교 4학년 아들이 학교에서 돌아와 방문을 닫고 방에 들

어가자, 아빠는 "사춘기가 시작됐나 보다."라며 대수롭지 않게 생각했습니다. 그러나 며칠 후 담임선생님으로부터 아이가 학교에서 친구와 다툰 일이 있었다는 이야기를 듣고서야 아이의 행동을 이해하게 되었습니다.

4. 아빠들이 생활 속에서 관찰을 잘하기 위해 할 수 있는 노력들

1) 하루 10분, 아이의 행동만 바라보기

하루 10분만이라도 스마트폰이나 TV를 끄고, 아이가 무엇을 하고 있는지, 어떤 표정을 짓는지 집중해서 바라보세요.

실천 예시:

아이가 레고를 할 때 어떤 색을 좋아하는지, 어떻게 문제를 해결하는지 살펴보세요.

숙제를 할 때는 어떤 과목에서 어려워하는지, 언제 집중력이 흐트러지는지 확인해보는 게 필요합니다.

2) 질문보다 먼저 관찰하기

아이가 무언가를 할 때 바로 질문하거나 지적하기보다는 먼저 관찰하는 습관을 길러보세요.

실천 예시:

아이가 짜증을 낼 때, 바로 "왜 그래?"라고 묻지 말고, 표정과 행동을 살펴보세요. 5분만 기다려도 아이가 직접 자신의 기분을 표현할 수 있습니다.

3) 작은 변화도 기록하기

아이의 작은 변화나 행동을 기록해보세요. 이 기록은 아이를 더 깊이 이해하고, 필요할 때 대화를 시작하는 중요한 단서가 됩니다.

실천 예시:
"요즘 아이가 예전보다 숙제할 때 한숨을 자주 쉰다."
"학교 얘기를 할 때 친구 A를 자주 언급한다."

관찰은 부모가 아이에게 줄 수 있는 최고의 사랑 중 하나입니다. 판단과 지적 대신, 아이를 있는 그대로 바라보고 이해하는 것에서부터 시작해보세요. 그 과정에서 아이는 아빠가 자신을 진심으로 사랑하고 있음을 느낄 것이며, 아빠와의 신뢰도 깊어질 것입니다. 오늘부터라도 잠시 멈추고 아이를 바라보는 시간을 가져보는 건 어떨까요?

코치형 아빠가 되는 5가지 스킬
아이의 유능성을 키우는 긍정적 피드백

"긍정적 피드백은 단순한 칭찬이 아니라, 아이의 성장 과정을 비추는 거울이다."

- 마리아 몬테소리

피드백의 사전적 정의를 살펴보면 "진행된 행동이나 반응의 결과를 본인에게 알려 주는 일."이라고 나와 있습니다. 아이들에게 있어 특히 부모의 피드백은 자신이 한 일에 대한 스스로의 평가에 매우 중요한 영향을 미칩니다.

자신이 한 일에 대해 긍정적 피드백을 받고 스스로 긍정적으로 인식하면 아이는 자기 자신에 대한 자존감이 높아지고 자신감을 갖게 됩니다. 반면에 자신이 한 일에 대해 부정적 피드백을 받게 된다면 스스로 자신에 대해 부정적으로 인식하게 되고 자존감이 낮아짐과 동시에 자신감을 잃게 될 것입니다. 여기서 중요한 것은 아이들이 한 동일한 행동(결과)에 대해 부모님의 피드백이 다를 수 있다는 것이고 부모님의 피드백이 아이들이 스스로를 바라보는 기준이 된다는 것입니다.

피드백의 종류를 크게 구분하면 부정적 피드백과 긍정적 피드백으로 분류할 수 있습니다. 또한 긍정적 피드백은 세분화하면 교정적 피드백과 지지적 피드백으로 나눌 수 있습니다.

오늘은 부모의 지지적 피드백이 아이에게 어떤 영향을 미쳤는지를 사례를 통해 확인해 보도록 하겠습니다.

초등학교 3학년 남학생의 글짓기 상황을 예로 들어보겠습니다.

학교 신문에 실릴 수 있다는 기대를 안고 글을 완성한 아이가 자랑스럽게 아빠에게 보여줍니다. "제 글 어때요? 이 정도면 학교 신문에 실릴 수 있겠지요?"라고 묻습니다. 그런데 가정통신문을 확인해 보니 '학교에서 있었던 재미있는 일을 20줄 이내로 써오라'는 안내가 있었고, 아이의 글은 5줄에 불과했습니다.

먼저 교정적 피드백을 하는 경우입니다.

"재미있게 잘 썼구나. 그런데 선생님께서 20줄 이내로 써오라고 하셨으니 좀 더 내용을 보충하면 좋을 것 같아."

교정적 피드백은 성취를 인정하면서도 보완점을 직접적으로 안내합니다. 이 역시 건설적인 피드백의 형태입니다.

다음은 지지적 피드백을 적용해 보겠습니다.

"재미있게 정말 잘 썼구나. 너의 글을 읽어 보니 학교에서 어떤 재미있는 일이 있었는지 더 알고 싶은 호기심이 생기네. 아마 네 글을 읽는 친구들과 선생님도 같은 마음이 들 것 같아. 친구들과 선생님의 궁금증을 해소해 줄 수 있도록 그 재미있었던 순간을 좀 더 생생하게 표현해 보면 어떨까?"

지지적 피드백은 아이의 성취를 충분히 인정하면서, 내재적 동기를 자극하여 스스로 개선점을 발견하고 발전시킬 수 있도록 안내합니다.

두 피드백 모두 긍정적이지만, 지지적 피드백은 아이의 내적 동기를 자극하고 자기주도성을 강화합니다. 아이는 단순히 '지시를 따르는 것'이 아니라 '독자의 궁금증을 해소하기 위해' 또는 '자신의 경험을 더 풍부하게 표현하기 위해' 글을 보충하게 됩니다.

상황이 허락한다면 지지적 피드백을 활용하세요. 지지적 피드백은 아이의 열정을 북돋우고 자신감과 유능성을 키워주는 강력한 도구가 될 것입니다.

코치형 아빠가 되는 5가지 스킬
아이의 마음의 문을 여는 열쇠, '경청'

"아이의 말을 진정으로 들을 때, 우리는 그들의 마음의 문을 여는 열쇠를 얻는다."

― 하임 기노트

오늘은 어떻게 하면 자녀와 소통을 잘 할 것인가에 대해 이야기를 하려고 합니다.

소통이란 상대방과 대화를 나눈다는 의미입니다. 대화를 할 때 나의 의견을 상대방에게 잘 전달하는 것도 중요하지만 더 중요한 건 상대방의 이야기를 귀담아 들어주는 것입니다. 특히 자녀와의 소통에서는 잘 들어주는 게 무엇보다 중요합니다. 코칭을 할 때 가장 중요한 건 질문 스킬이라고 합니다. 따지고 보면 코칭에서 다양한 질문 기법을 사용하는 것도 코칭을 받는 사람의 내면에 있는 이야기를 잘 이끌어내서 잘 듣고자 함입니다. 이처럼 소통에서 질문과 경청은 정말 중요한 요소입니다.

경청이란 무엇일까요?

경청(Active Listening)은 듣기(Listening)와는 분명 차원이 다릅니다. 경청은 단순히 귀로 듣는 것을 넘어, 상대의 말에 온전히 집중하고 그 마음까지 이해하려는 적극적인 태도를 의미합니다. 상대방이 하는 말뿐 아니라 표정, 몸짓, 숨겨진 감정까지 읽어내려는 노력이 바로 경청입니다. 특히 자녀가 "아빠, 나 오늘 이런 일이 있었어."라고 말할 때, 스마트폰을 내려놓고 눈을 맞추며 "그래? 무슨 일이 있었는데?"라고 진심으로 궁금해하며 들어주는 것, 이것이 바로 진정한 경청입니다.

경청은 왜 중요할까요?

한 연구에 따르면 부모가 자녀의 이야기에 관심을 기울여줄 때, 자녀의 자존감은 높아지고 부모와의 신뢰도 역시 깊어진다고 합니다. 경청은 단순히 '듣는 것' 이상의 힘을 가지고 있습니다.

초등학교 3학년 아들을 둔 김철수씨는 이렇게 말합니다.
"하루는 아들이 학교에서 친구랑 싸웠다고 하더라고요. 처음에는 훈계부터 하려 했는데, 그냥 '어떻게 된 건지 아빠한테 얘기해줄래?'라고 했어요. 아들은 처음엔 망설이다가 차근차근 이야기를 꺼냈고, 듣다 보니 친구와 오해가 있었던 거였죠. 아들이 '아빠가 내 얘기를 끝까지 들어줘서 고마워'라고 할 때, 경청의 힘을 느꼈습니다."

이처럼 경청은 부모와 자녀 사이의 벽을 허물고 신뢰를 쌓는 열쇠입니다. 아이들은 자신의 이야기를 들어주는 아빠에게 마음을 열고, 고민이 생길 때마다 자연스럽게 아빠를 찾게 됩니다.

하지만 상대방의 말에 경청하기란 사실 말처럼 쉽지는 않습니다. 특히 부모와 자녀간의 소통과정에서 경청하기란 더욱 어렵습니다. 경청을 방해하는 요소들에는 어떤 것들이 있는지 살펴보겠습니다.

① 상대방이 말할 때 다른 생각을 하는 경우가 있다.
② 상대방의 말이 끝나기 전에 무엇을 말하려고 하는지 미리 판단한다.
③ 좀 더 빨리 본론을 이야기 해 주었으면 하고 생각한다.
④ 상대방의 말투나 표정이 마음에 들지 않으면 더 이상 듣고 싶지 않다.
⑤ 상대방의 말이 끝나기 전에 무엇을 말할 것인지를 미리 결정한다.

경청을 방해하는 요소에서 살펴보았듯이 먼저 상대방에 대해 판단하지 않고 사실을 듣는 게 중요합니다. 사람들은 다른 사람의 말을 들을 때 그 사람이 어떤 사람인지 판단하거나 옳고 그름을 판단하는 데 초점을 맞추게 됩니다. 그러다 보면 정말 그 사람이 이야기하고 싶어하는 걸 못 듣는 경우가 많이 있는 것 같습니다. 더구나 부모 입장에서 자녀와 대화를 나눌 때는 비판이나 충고를 하려고 만반의 태세를 갖춘 것처럼 보일 때가 많습니다. 자녀의 말을 있는 그대로 받아들여주거나 공감을 해주기보다는 한 마디라도 덧붙여서 영향을 미치려고 하는 거죠. 물론 자녀에게 도움이 되겠다는 의도에서 나오는 행동이지만 실제로는 아이에게 도움이 되지 않는 경우가 많다는 겁니다.

경청을 잘하기 위해서는 어떻게 해야 할까요? 아빠들이 생활 속에서 가져야 할 태도와 방법에 대해 알아보겠습니다.

① **'고개를 끄덕이고 눈을 맞추기'**: 아이가 말을 할 때 스마트폰, TV에서 시선을 떼고 아이의 눈을 바라보세요. 간단한 고개 끄덕임과 "응, 그랬구나."라는 짧은 말만으로도 아이는 '아빠가 내 얘기를 진지하게 들어주고 있구나'라고 느끼고 아빠를 신뢰하게 됩니다.

② **'조언보다 공감'**: 초등학교 5학년 딸을 둔 이정훈 씨는 딸이 친구 문제로 속상해할 때마다 "그래서 많이 힘들었겠구나.", "그런 일은 진짜 속상하지."라고 공감부터 해줍니다. 딸은 "아빠랑 얘기하면 위로받는 것 같아."라며 고민을 터놓기 시작했습니다. 문제를 해결하려 하지 말고, 아이가 느끼는 감정을 먼저 이해해주세요.

③ **'질문하기'**: 아이가 이야기를 하면 "그래서 넌 어떻게 생각했어?", "그때 네 기분은 어땠어?"처럼 열린 질문을 던지세요. 질문은 아이가 자신의 생각과 감정을 더 깊이 들여다보게 돕고, 아빠와의 대화가 즐겁고 의미 있는 시간이 되게 합니다.

④ **'하루 10분만이라도'**: 하루 10분만이라도 아이와 1:1로 대화하는 시간을 가져보세요. "오늘 학교에서 뭐가 제일 재밌었어?", "요즘 관심 있는 게 뭐야?"라는 가벼운 질문부터 시작하면 됩니다. 아이와의 대화 시간이 쌓일수록 자연스럽게 아이는 자신의 고민, 생각을 털어놓게 됩니다.

많은 부모님들이 경청을 하는 데 시간이 너무 많이 소요된다는 생각을 하십니다. 하지만 경청은 어려운 기술이 아닙니다. 그저 잠시 멈춰 아이의 눈을 바라보고, '아빠는 네 이야기가 궁금하고 소중해'라는 마음을 표현하는 것만으로도 충분합니다. 오늘 저녁, 아이가 무슨 말을 하든지 끝까지 들어보는 건 어떨까요? 아빠의 작은 변화가 아이의 마음에 큰 울림을 줄 것입니다.

코치형 아빠가 되는 5가지 스킬
아이의 미래를 바꾸는, 부모의 '질문'

"아이에게 답을 주는 것은, 그들을 하루 동안 돕는 것이다. 질문하는 법을 가르치는 것은, 그들을 평생 동안 돕는 것이다."

― 칼 세이건

부모가 질문을 바꾸면, 아이의 미래가 바뀝니다.

부모가 아이에게 던지는 질문은 단순한 대화의 한 형태가 아닙니다. 그것은 아이의 사고방식을 형성하고, 감정을 조절하며, 자기 자신을 탐색할 수 있도록 돕는 가장 강력한 도구입니다. 우리는 종종 질문을 통해 아이에게 정보를 얻으려 하지만, 질문은 단순히 아이가 무엇을 했는지 확인하는 도구가 아니라 아이가 어떻게 사고하고 성장하는지를 돕는 방식이 되어야 합니다.

부모가 어떤 질문을 던지느냐에 따라 아이의 반응은 크게 달라집니다. 정답을 요구하는 질문, 아이를 비난하거나 비교하는 질문, 단답형으로 끝나는 질문은 아이의 사고를 제한하고 대화를 단절시킵니다. 반대로 열린 질문, 감정을 반영하는 질문, 아이의 생각을 확장하는 질문은 아이가 스스로 답을 찾아가게 만들고, 대화를 보다 깊이 있게 만듭니다. 질문 하나를 바꾸는 것이 아이의 자존감을 키우고, 창의적 사고를 유도하며, 부모와 아이의 관계를 더욱 친밀하게 만드는 출발점이 될 수 있습니다.

아이들은 부모의 질문을 통해 자신이 존중받고 있다고 느낍니다. 대화 속에서 부모가 던지는 질문이 단순한 확인이나 지시가 아니라, 아이의 생각과 감정을 진정으로 궁금해하는 태도에서 비롯된다면, 아이는 자연스럽게 자신의 경험과 감정을 표현하게 됩니다. 또한 이러한 과정에서 아이들은 스스로 사고하는 힘을 기르게 되고, 삶의 다양한 문제를 해결하는 능력을 키울 수 있습니다.

질문을 바꾼다는 것은 단순히 말하는 방식을 바꾸는 것이 아니라, 부모의 태도를 바꾸는 것이기도 합니다. 아이에게 정답을 주기보다 스스로 답을 찾을 수 있도록 기다려주고, 아이의 생각을 존중하며 공감하는 태도를 보이는 것, 그것이 진정한 질문의 힘입니다. 때로는 아이가 말없이 생각을 정리할 시간을 가질 수도 있고, 때로는 예상하지 못한 답변을 들을 수도 있습니다. 중요한 것은 부모가 아이의 답변을 있는 그대로 받아들이고, 그 안에서 아이가 성장할 수 있도록 돕는 것입니다.

부모가 던지는 질문이 달라지면 아이의 사고방식이 달라지고, 아이의 사고방식이 달라지면 아이의 미래가 바뀝니다. 아이들은 질문을 통해 배우고 성장하며, 자신의 세상을 만들어 갑니다. 부모가 질문의 방식을 바꾸고, 아이의 생각을 존중하며 열린 마음으로 대화를 나눈다면, 아이는 더욱 창의적이고 독립적인 사고를 가진 어른으로 성장할 것입니다. 이제부터라도 우리는 아이들에게 어떤 질문을 던질 것인지 고민해야 합니다. 그리고 그 질문이 아이의 미래를 더욱 밝고 풍요롭게 만드는 힘이 되도록 해야 합니다.

제3장

질문을 디자인하라

질문을 디자인하면
아이의 미래가 달라진다

"아이와의 대화에서 질문을 디자인하는 것은 그들의 내면 세계로 가는 다리를 설계하는 것이다."

– 존 고트만

아이들은 부모와의 대화를 통해 사고를 확장하고, 논리적이며 비판적인 사고력을 키워나갑니다. 그러나 단순한 질문만으로는 아이들의 깊은 생각을 이끌어내기 어렵습니다. 부모가 어떻게 질문을 던지느냐에 따라 아이의 사고 과정이 달라지기 때문입니다. 따라서 좋은 질문을 하기 위해서는 질문을 '디자인'하는 과정이 필요합니다.

이번 글에서는 질문 디자인이란 무엇인지, 왜 중요한지, 그리고 어떻게 하면 효과적으로 질문을 디자인할 수 있는지 살펴보겠습니다.

1. 질문 디자인이란?

'질문 디자인'이란 단순히 질문을 던지는 것이 아니라, 아이의 사고를 자극하고 대화를 풍부하게 만들기 위해 의도적으로 질문을 설계하는 과정을 의미합니다. 즉, 질문을 통해 아이의 논리적 사고, 창의적 문제해결력, 감정 표현 능력 등을 키울 수 있도록 전략적으로 질문을 구성하는 것입니다.

예를 들어,
- "학교에서 뭐 했어?" → (피상적인 답변: "그냥 공부했어.")
- "오늘 학교에서 가장 신나는 순간은 언제였어?" → (특정한 경험을 떠올리게 함)

이처럼 질문의 형태와 표현을 바꾸는 것만으로도 아이가 더 깊이 생각할 수 있도록 유도할 수 있습니다.

2. 질문 디자인이 중요한 이유(효과)

나의 경험을 하나 공유하면, 딸이 초등학교 저학년이었을 때의 일입니다. 어느 날 퇴근을 하고 집에 오니 아이가 선생님이 숙제로 내준 만들기를 하고 있었습니다. 만들기가 어려웠던지 아빠를 보고 도와 달라고 이야기하였습니다. 이때 내가 했던 말입니다.

"만들기 숙제가 어려운 모양이구나. 우리 공주가 힘들면 아빠가 도와줄게. 그런데 그 전에 아빠가 한 가지만 물어볼게. 만일 네가 선생님이라면 너는 엄마, 아빠가 도와줘서 만들기 숙제를 잘해온 친구를 칭찬할 거야? 아님 부족하더라도 스스로 해온 친구를 칭찬할 거니?"

나의 질문에 딸은 1초의 망설임도 없이 즉각 대답을 하였습니다. "당연히 스스로 해온 친구를 칭찬하는 게 맞지." 아이의 대답을 듣고 내가 답하였습니다. "아빠도 그렇게 생각해. 아마 선생님도 틀림없이 스스로 해온 아이를 칭찬할 거야. 일단 스스로 해보고 너무 어려우면 그때 아빠가 도와주면 어떨까?" 그 이후 아이는 스스로 만들기 숙제를 완성해서 다음 날 제출하였고, 딸의 이야기처럼 선생님은 딸의 만들기를 보면서 "너는 스스로 만들기 숙제를 했구나."라는 칭찬을 받았다고 좋아하였습니다. 그 이후 딸은 스스로 하는 것에 대한 중요성을 알았는지 매우 주도적으로 자신의 일을 하는 아이가 되었습니다.

이렇듯 좋은 질문을 통해 얻을 수 있는 효과는 아무리 강조해도 지나치지 않습니다. 질문의 효과에 대해 좀더 알아보면 다음과 같습니다.

① **아이의 사고력 향상**
열린 질문을 하면 아이는 단순히 기억한 내용을 나열하는 것이 아니라 자신의 생각을 정리하고 표현하는 훈련을 하게 됩니다. 이를 통해 논리적 사고력과 비판적 사고력이 발달합니다.

② 자율성과 문제해결력 증가

질문을 통해 아이 스스로 문제를 해결하는 방법을 찾게 유도할 수 있습니다.

예: "그 상황에서 네가 원하는 결과를 얻으려면 어떤 방법을 써야 할까?"

③ 감정 표현과 공감 능력 강화

부모가 감정을 묻는 질문을 하면 아이는 자신의 감정을 이해하고 표현하는 법을 배웁니다.

예: "네가 만약 그 친구였다면, 어떤 기분이 들었을까?"

④ 부모와 아이 간의 신뢰 형성

질문을 통해 아이의 생각과 감정을 존중하는 태도를 보이면, 아이도 부모에게 마음을 여는 경험을 하게 됩니다. 깊이 있는 대화는 부모와 아이의 유대감을 더욱 강화할 수 있습니다.

3. 질문 디자인이 어려운 이유

부모가 좋은 질문을 하려 해도 쉽지 않은 이유는 다음과 같습니다.

① 습관적으로 닫힌 질문을 사용

부모는 바쁘거나 피곤할 때 "학교 잘 다녀왔니?", "숙제했어?" 같은 단순한 질문만 하게 됩니다. 하지만 이러한 질문은 아이의 사고를 자극하기 어렵습니다.

② 아이의 반응이 기대만큼 활발하지 않음

부모가 좋은 질문을 던져도 아이가 짧게 답하거나 말을 아끼는 경우가 많습니다.

질문이 아이의 관심사와 맞지 않거나, 아이가 익숙하지 않은 방식으로 사고해야 할 때 이런 반응이 나올 수 있습니다.

③ 부모 스스로 질문 디자인 경험 부족

아이의 생각을 깊이 있게 이끌어내려면 질문을 어떻게 구성할지 미리 고민하는 과정이 필요합니다. 하지만 대부분의 부모는 즉흥적으로 질문을 던지기 때문에 효과적인 질문이 되기 어려운 경우가 많습니다.

4. 질문 디자인을 잘하기 위한 방법

질문을 잘 디자인하기 위해서는 다음과 같은 프로세스를 활용하면 효과적입니다.

① 질문의 목적을 명확히 하기

이 질문을 통해 아이가 어떤 생각을 하길 원하는지 먼저 고민한다.
예:
- 논리적 사고력을 키우고 싶다면 어떻게 해야 할까? → "그렇게 생각한 이유는 뭐야?"

- 창의력을 키우고 싶다면? → "만약 네가 주인공이라면 어떻게 해결할 것 같아?"
- 감정을 표현하게 하고 싶다면? → "그때 어떤 기분이 들었어?"

② 열린 질문을 사용하기

- 닫힌 질문: "오늘 학교에서 친구들이랑 잘 지냈어?" → "응/아니."로 끝남
- 열린 질문: "오늘은 친구들이랑 어떤 일이 있었어?" → 대화 확장 가능

③ 아이의 수준과 관심사에 맞추기

아이가 관심 있어 하는 주제에 맞춰 질문하면 더 적극적인 대답을 이끌어낼 수 있습니다.

예: 축구 좋아하는 아이 → "네가 감독이라면 어떤 전략을 짤 것 같아?"

④ 아이의 답변을 존중하고 확장하기

아이가 짧게 답하면, 추가 질문을 던져 더 깊이 생각하도록 유도합니다.

예:

아이 "오늘 수업에서 그림 그렸어."

부모 "그 그림에서 네가 가장 마음에 들었던 부분은 뭐야?"

⑤ 비판이나 훈계 대신 공감하며 듣기

아이가 말하는 내용을 비판하거나 훈계하면 질문의 효과가 줄어듭니다.

예:

- "그렇게 하면 안 되지!" → 아이가 위축됨
- "그렇게 했을 때 어떤 기분이 들었어?" → 스스로 판단하게 함

질문은 단순한 대화 도구가 아니라, 아이의 사고력과 감정 표현 능력을 길러주는 강력한 방법입니다. 아이에게 깨달음을 주는 좋은 질문을 디자인하기 위해서는 다양한 상황에서 활용이 가능한 질문의 방법들을 익히는 것이 필요합니다. 역지사지 질문, 기적 질문, 의심 질문, 질문에 답하는 질문 등 다양한 질문의 기법들을 활용하면 질문의 효과가 배가 됩니다.

오늘부터 아이에게 던지는 나의 질문을 한 번 점검해 보세요. 어떤 질문이 아이의 생각을 확장하고, 감정을 이끌어내며, 더 깊은 대화로 이어질 수 있을지 미리 고민하는 습관을 가지도록 하세요.

질문을 디자인하는 부모가 될 때, 아이는 더욱 창의적이고 논리적인 사고를 갖춘 인재로 성장할 것입니다.

[질문 디자인 사례 #1]

상황

초등학교 3학년 딸이 만들기 숙제를 하고 있는데 혼자하기 어려운지 아빠에게 도움을 요청하는 상황입니다.

아빠　우리 딸이 숙제 하는게 많이 힘든 모양이네. **[공감과 경청]**

딸　　아빠, 숙제가 어려워요. 도와 주세요.

아빠　숙제가 힘들어서 아빠가 도와주길 바라는구나. **[감정의 반영, 욕구파악]**

딸　　네 아빠가 좀 도와주세요.

아빠　알았어, 아빠의 도움이 필요하면 도와줘야지. 그런데 어떤 게 좋을지 한번 생각해보자. 우리 딸이 만약 선생님이라면 너는 엄마, 아빠가 도와줘서 잘 만들어온 친구를 칭찬해 주고 싶니? 아니면 좀 부족하더라도 스스로 해온 아이를 칭찬해 주고 싶니? **[역지사지 질문]**

딸　　그거야 당연히 스스로 한 아이를 칭찬해 주는게 맞지!

아빠　아빠도 그렇게 생각해. 아마 선생님도 자기 스스로 하기를 바라지 않을까 싶어.
그래서 아빠도 가능하다면 좀 부족하더라도 우리 딸이 스스로 했으면 하는데. **[피드백]**
그런데 만약 하다가 너무 어려우면 그때 아빠에게 도움을 요청하면 어떨까?

딸   그럼 일단 제가 혼자 해보고 도움 필요하면 요청할게요.
아빠 좋아, 그때는 아빠가 도와주도록 할게.
딸   (이후 혼자서 만들기를 다함.)

질문 디자인 관점에서 대화 분석

이 부녀 간의 대화는 질문 디자인 관점에서 볼 때 매우 효과적인 질문 전략과 코칭 기법들이 적용된 사례입니다. 다음과 같은 핵심적인 질문 요소들이 포함되어 있습니다.

1. 공감과 경청을 통한 심리적 안전공간 조성
"우리 딸이 숙제 하는 게 많이 힘든 모양이네."라는 첫 문장은 단순한 인사말이 아닙니다. 이는 아이의 감정 상태를 관찰하고 인정하는 공감적 접근으로, 이후 이어질 대화의 기반이 되는 심리적 안전 공간을 만들어줍니다. 질문 디자인 관점에서 이는 '진정한 대화의 토대 구축'이라는 중요한 기능을 합니다.

2. 감정 반영과 욕구 파악을 통한 명확화
"숙제가 힘들어서 아빠가 도와주길 바라는구나."라는 문장은 단순한 반복이 아닌, 아이의 감정과 욕구를 정확히 짚어주는 '감정 반영' 기법입니다. 이는 아이에게 "내 감정이 이해받고 있다."는 인식을 주며, 동시에 대화의 주제를 명확히 합니다. 질문 디자인 측면에서 이 단계는 '문제의 본질 명확화'라는 중요한 과정입니다.

3. 역지사지 질문을 통한 자기주도적 사고 촉진

"우리 딸이 만약 선생님이라면…."으로 시작하는 질문은 이 대화의 핵심입니다. 이 질문은 다음과 같은 복합적인 기능을 합니다.

- **관점 전환 유도**: 아이에게 학생 입장에서 교사 입장으로의 관점 전환을 요청합니다.
- **가치관 탐색**: 숙제의 진정한 의미와 교육적 가치에 대해 스스로 생각하게 합니다.
- **자기주도성 활성화**: 외부 지시가 아닌 내적 동기에서 비롯된 결정을 유도합니다.

질문 디자인 관점에서 이 질문은 '인식 전환을 위한 촉매제' 역할을 하며, 아이 스스로 답을 찾아가는 과정을 만들어줍니다.

4. 피드백과 대안 제시를 통한 자율적 선택권 부여

아빠의 피드백("아빠도 그렇게 생각해….")과 대안 제시("하다가 너무 어려우면….")는 아이에게 완전한 자율성과 적절한 지원 사이의 균형을 제공합니다. 이는 아이의 자존감을 보호하면서도 실질적인 도움의 통로를 열어두는 섬세한 접근법입니다.

5. 대화의 결과: 자기효능감과 주도성 증진

이 대화의 결과로 딸은 스스로 숙제를 완성하게 됩니다. 이는 단순한 과제 완성 이상의 의미가 있습니다.

- 자신의 능력에 대한 신뢰감(자기효능감) 형성

- 스스로 결정하고 실행하는 경험을 통한 자기주도성 강화
- 적절한 도움 요청 방법에 대한 학습

질문 디자이너로서의 평가

이 대화에서 사용된 질문 기법은 '지시'가 아닌 '안내'의 방식을 택함으로써 아이의 내적 동기와 자기결정력을 존중합니다. 특히 역지사지 질문은 아이에게 문제의 본질을 스스로 깨닫게 하는 '아하 모먼트(Aha moment)'를 제공합니다.

이러한 질문 방식은 단기적으로는 과제 완성이라는 목표를 달성하게 하지만, 장기적으로는 아이가 스스로 생각하고 결정하는 능력을 발달시키는 교육적 효과가 있습니다. 질문 디자이너 관점에서 이는 '물고기를 주는 것'이 아닌 '물고기 잡는 법을 가르치는' 접근법이라 할 수 있습니다.

[질문 디자인 사례 #2]

상황:

중학생 한결이는 시험이 며칠 남지 않았는데도 공부는 하지 않고 3일만 공부하면 전교 1등은 문제없다고 자신만만해하는 상황입니다.

(DVP 질문 사례)

아빠 우리 한결이가 고생하는구나, 시험 준비는 잘하고 있니?

한결 걱정하지 마세요. 3일만 공부하면 전교 1등도 가능해요!

아빠 그래? 그럼 우리 한결이가 정말 전교 1등을 할 수 있을지 지금 한번 확인해볼까?

한결 네? 그게 가능한가요? 그럴 수 있다면 한번 확인해주세요.

아빠 좋아. 그럼 내 질문에 대답해봐. 우선 전교 1등이 되고 싶은 네 욕구의 정도에 점수를 매긴다면 10점 만점 중 몇 점이니? 다른 것을 포기하는 한이 있더라도 반드시 되어보고 싶다면 10점이야. [Desire]

한결 음, 8점 정도요.

아빠 그럼 이번엔 네가 전교 1등이 될 수 있다는 것을 너는 어느 정도 확신하니? 전교 1등이 될 수 있다는 데 한 점의 의심도 없다면 10점이라고 할 때 너는 10점 만점 중 몇 점 정도지? [Vision]

한결 그거야, 당연히 10점 이죠.

아빠 좋아. 마지막으로 전교 1등이 되기 위한 계획을 세워 놓았니? 만약 아주 구체적이고 실천 가능한 계획을 글로 써 놓았다면 10점, 그렇지 않으면 3점 이하라고 한다면 몇 점 정도지? [Plan]

한결 아, 그건 3점 정도라고 해야겠는데요.

아빠 그렇구나. 그렇다면 만약 너처럼 전교 1등이 되고 싶은 다른 아이에게 똑같은 질문을 던졌을 때 전교 1등이 되고 싶은 정도도 10점, 될 수 있다는 확신의 정도도 10점, 1등이 되기 위한 계획도 10점이라면 그 아이가 전교 1등이 될 가능성은 어느 정도일까?

한결 그런 애는 보나마나 전교 1등이 될 것 같은데요.

아빠 그렇지? 이제 그 아이의 점수를 모두 곱해보자. 1,000점이 되지? 그럼 네 점수는 모두 곱했을 때 몇 점이 되니?

한결 8점, 10점, 3점이니까 240점(8×10×3=240)밖에 안 되네요.

아빠 어때? 이 점수라면 전교 1등이 될 수 있을까?

"질문 하나로 깨닫게 하다." – DVP 질문의 교육적 가치

자녀의 성장을 돕고 싶은 부모라면 누구나 "어떻게 하면 아이가 스스로 깨닫고 변화할 수 있을까?"라는 고민을 합니다. 오늘 소개해 드릴 DVP 질문법은 단순한 대화 기법이 아닌, 자녀의 자기인식과 성장을 이끌어내는 강력한 교육 도구입니다.

DVP 질문, 무엇이 특별한가?

DVP는 Desire(욕구), Vision(비전), Plan(계획)의 약자로, 아이의 목표 달성 가능성을 세 가지 핵심 요소로 분석합니다. 제시된 사례에서 아빠는 한결이에게 "3일만 공부하면 전교 1등도 가능하다."는 자신감 넘치는 말을 들었을 때, 단순히 격려하거나 의심하는 대신 구조화된 질문을 통해 아이 스스로 현실을 직면하게 했습니다.

DVP 질문의 교육적 효과

1. 자기성찰의 기회 제공
아이는 질문을 통해 자신의 욕구(8점), 비전(10점), 계획(3점)을 숫자로 구체화하며 스스로를 객관적으로 바라보게 됩니다. 이런 성찰은 어른이 조언할 때보다 훨씬 강력한 깨달음을 줍니다.

2. 수치화를 통한 현실 인식
"240점 vs 1000점."이라는 명확한 비교는 아이에게 강력한 시각적 이미지를 제공합니다. 이는 "계획이 부족하다."라는 추상적인 조언보다 훨씬 구체적이고 설득력 있게 다가옵니다.

3. 비판 없는, 자발적 깨달음
아빠는 한결이의 계획성 부족을 직접 지적하지 않고, 질문만으로 아이가 스스로 깨닫게 했습니다. 이는 방어적 태도를 최소화하고 자발적 변화 의지를 끌어내는 탁월한 접근법입니다.

4. 구체적인 개선점 파악
DVP 질문은 단순히 "너는 안 될 거야."라고 말하는 대신, 정확히 어떤 부분(계획 수립)이 부족한지 명확히 보여줍니다. 이는 바로 개선 행동으로 이어질 수 있는 실용적 정보입니다.

일상에서 DVP 질문을 활용하는 방법

DVP 질문은 학업뿐 아니라 자녀의 다양한 목표에 적용할 수 있습니다. 피아노 콩쿠르 참가, 운동 대회 준비, 방학 프로젝트 등 자녀가 "할 수 있다."라고 자신하는 모든 상황에서 활용해 보세요.

중요한 것은 비판이나 설교가 아닌, 아이 스스로 생각하게 하는 질문의 힘을 믿는 것입니다. DVP 질문은 "너는 계획성이 부족해."라는 직접적 지적보다 "전교 1등이 되려면 무엇이 필요할까?"라는 자기주도적 성찰을 이끌어냅니다.

아이의 성장은 부모의 말이 아닌, 아이 스스로의 깨달음에서 시작됩니다. DVP 질문은 그 귀중한 깨달음의 순간을 만들어주는 지혜로운 부모의 도구입니다.

[질문 디자인 사례 #3]

상황:
현실을 인식한 한결이에게 목표 달성을 하도록 도와주고자 하는 상황입니다.

(DVP+GROW 질문 사례)
아빠 한결아, 그럼 전교 1등이 되기 위해서는 어떻게 하면 좋을까?

한결 아무래도 계획과 실행에 대한 점수를 높여야 할 것 같아요.
아빠 아빠가 생각해도 그런 것 같아. 몇 점 정도를 목표로 잡고 싶니? **[목표설정]**
한결 9점 정도를 목표로 잡아야 할 것 같아요.
아빠 좋아. 현재 너의 계획과 실행 점수가 3점이니 6점을 더 올려야 하는 거네. **[현실 인식]**
6점을 올리는 데 가장 큰 장애물이 있다면 무엇일까?
한결 제가 컴퓨터 게임하는 시간이 너무 많은 것 같아요.
아빠 그럼 목표를 이루기 위해서는 어떤 방법이 있을까? **[대안 탐구]**
한결 그거야, 컴퓨터 게임 시간을 줄이는 게 제일 필요한 것 같아요.
아빠 좋아. 컴퓨터 게임 시간을 줄이는 것 외에 다른 방법으로는 또 어떤 게 있을까? **[대안 탐구]**
한결 아, 제가 친구들을 너무 좋아해서 공부시간에도 집중하지 않고 친구들과 장난치는 시간이 많은데 그것도 고쳐야 할 것 같아요.
아빠 그렇구나. 그럼 두 가지 방법 중에서 먼저 한 가지를 선택한다면 어떤 부분을 먼저 노력하고 싶니? **[실행 의지]**
한결 컴퓨터 게임하는 시간을 먼저 줄여 볼께요. **[자율성]**
아빠 좋아. 그럼 몇 시간 정도로 줄일 건지 구체적으로 목표를 정해 보면 어떨까? **[목표 설정]**
한결 현재 하루 5시간 정도를 하는데 1시간 정도로 줄여 볼께요.
아빠 좋아. 그럼 먼저 컴퓨터 게임 시간을 줄여보고, 그 다음에 수업에 집중하는 것을 해보자.
한결 네 아빠. 꼭 1등을 해보고 싶은 욕심이 생기는데요.

아빠 자. 그럼 잠깐 눈을 감고 전교 1등을 했을 때 기분이 어떤지 한번 느껴볼까? [상상 기법] [유능성]

DVP+GROW 질문의 교육적 효과와 의미: 질문 디자인 관점

DVP 질문이 아이의 현재 상태를 파악하는 강력한 도구라면, GROW 모델과 결합된 DVP+GROW 질문법은 그 깨달음을 실제 행동 변화로 이끄는 완벽한 후속 단계입니다.

질문 디자이너로서 이 접근법이 가진 교육적 가치를 살펴보겠습니다.

DVP+GROW 질문의 특별한 가치

GROW 모델*(Goal, Reality, Options, Will)*은 코칭 분야에서 널리 사용되는 프레임워크로, DVP 질문을 통해 발견된 문제점을 해결하기 위한 구체적인 액션 플랜을 수립하는 데 탁월합니다. 제시된 사례에서 아빠는 한결이가 DVP 질문을 통해 계획 부족(3점)을 인식한 후, GROW 질문으로 그 간극을 메우는 실천적 과정을 이끌어냈습니다.

DVP+GROW 질문의 심리적 효과

1. 자기주도성 강화

"전교 1등이 되기 위해서는 어떻게 하면 좋을까?"라는 질문은 문제 해결의 주체를 아이에게 넘깁니다. 이는 "게임 시간을 줄여라."라는 지시보다 아이의 내적 동기를 활성화시키는 접근법입니다.

2. 심리적 안전감 제공

아빠는 한결이의 현실(3점)을 비판 없이 인정하고, 목표(9점)를 아이 스스로 설정하게 했습니다. 이러한 환경에서 아이는 방어적 태도 없이 자신의 문제(게임 시간, 수업 집중력)를 솔직히 직면할 수 있습니다.

3. 자기효능감 형성

"몇 시간 정도로 줄일 건지 구체적으로 목표를 정해 보면 어떨까?"와 같은 질문은 추상적인 목표를 구체적 행동으로 전환하게 합니다. 이는 아이에게 "나도 할 수 있다."는 자기효능감을 심어줍니다.

4. 다층적 성취경험 구축

DVP+GROW 질문은 최종 목표(전교 1등) 외에도 중간 성취(게임 시간 줄이기)를 설정합니다. 이런 단계적 접근은 아이에게 지속적인 성공 경험을 제공하고 장기적 목표 달성 가능성을 높입니다.

자율성, 유능성, 관계성을 촉진하는 질문 디자인

자율성 지원

"두 가지 방법 중에서 먼저 한 가지를 선택한다면?"이라는 질문은 아이에게 선택권을 부여합니다. 이는 자율성을 존중하는 접근으로, 외부 강요가 아닌 내적 동기에서 비롯된 변화를 이끌어냅니다.

유능성 강화

"눈을 감고 전교 1등을 했을 때 기분이 어떤지 느껴볼까?"라는 상상 기법은 아이에게 성공 경험을 미리 체험하게 합니다. 이는 아이의 유능성을 강화하고 목표 달성에 대한 심리적 거리를 좁혀줍니다.

관계성 증진

전체 대화 과정에서 아빠는 "좋아.", "그렇구나."와 같은 수용적 언어로 한결이의 생각을 존중합니다. 이런 대화 방식은 부모-자녀 간 신뢰 관계를 강화하고 안전한 소통 환경을 조성합니다.

일상에서 DVP+GROW 질문을 활용하는 방법

DVP 질문이 현실 인식을 돕는다면, GROW 질문은 그 인식을 행동으로 연결합니다. 자녀가 목표를 세웠을 때, 다음의 질문 순서를 따라가 보세요.

- **목표 설정**(Goal): "이 상황에서 어떤 점수를 목표로 하고 싶니?"
- **현실 인식**(Reality): "현재와 목표 사이의 간극은 무엇이니?"
- **대안 탐구**(Options): "그 간극을 메우기 위한 방법들은 무엇이 있을까?"
- **실행 의지**(Will): "어떤 행동을 언제, 어떻게 실천할 거니?"

좋은 질문은 답을 제공하는 것이 아니라, 스스로 답을 찾아가는 여정을 만들어줍니다. DVP+GROW 질문법은 아이가 자신의 삶의 주인공으로 성장하도록 돕는 부모의 지혜로운 도구입니다.

질문 디자인 프로세스:
효과적인 질문 디자인하기

"질문 디자인 프로세스에서 가장 중요한 것은 상대방의 관점을 존중하는 것이다. 그들의 눈으로 세상을 보려고 노력하라."

– 하임 기노트

질문 디자인 프로세스는 단순히 질문을 던지는 것이 아니라, 목적을 가지고 체계적으로 질문을 설계하는 과정입니다. 효과적인 질문은 생각을 촉발하고, 깨달음을 이끌어내며, 행동 변화로 이어지는 강력한 도구가 될 수 있습니다. 여기 질문 디자인의 핵심 프로세스를 단계별로 살펴보겠습니다.

1. 질문의 목적 정의하기

모든 효과적인 질문은 명확한 목적에서 시작합니다:
- **인식 확장**: 새로운 관점이나 가능성을 열어주는 질문
- **문제 발견**: 현재 상황의 문제점을 인식하게 하는 질문

- **해결책 탐색**: 다양한 대안을 모색하게 하는 질문
- **행동 촉진**: 구체적인 실천으로 이어지게 하는 질문

예: "이 숙제가 왜 중요하다고 생각하니?" [인식 확장], "지금 가장 어려운 부분은 무엇이니?" [문제 발견]

2. 질문 대상자 이해하기

질문 대상자의 특성을 고려해 맞춤형 질문을 설계합니다:
- 연령과 발달 단계
- 사전 지식과 경험
- 심리적 상태와 관심사
- 사고 패턴과 소통 방식

예: 유아에게는 "이 그림에서 어떤 색깔이 보이니?" 청소년에게는 "이 상황에서 다른 선택지가 있었을까?"

3. 질문 유형 선택하기

목적에 따라 적합한 질문 유형을 선택합니다.

- **개방형 vs 폐쇄형**: "어떻게 느꼈니?" [개방형] vs "기분이 좋았니?" [폐쇄형]
- **사실형 vs 성찰형**: "몇 시에 숙제를 시작했니?" [사실형] vs "왜 숙제를 미루게 됐을까?" [성찰형]
- **상향식 vs 하향식**: "이 문제의 원인은 무엇일까?" [상향식] vs "이

세 가지 원인 중 가장 중요한 것은?"[하향식]

4. 질문 시퀀스 설계하기

여러 질문을 유기적으로 연결해 사고의 흐름을 이끌어냅니다.
- **깔때기형**: 넓은 질문에서 구체적인 질문으로 좁혀가기
  - "학교생활에서 가장 어려운 것은 무엇이니?"
  - "그 중에서 수학 시간이 특히 힘들다고 했는데, 어떤 부분이 어렵니?"
  - "분수 계산에서 특히 나눗셈이 어렵다고 했는데, 구체적인 예를 들어볼 수 있을까?"
- **사다리형**: 현재 상황에서 미래 행동으로 단계적으로 이동
  - "지금 상황은 어떠니?" [현실 인식]
  - "이상적인 상황은 어떤 모습일까?" [목표 설정]
  - "그 차이를 메우려면 무엇이 필요할까?" [대안 탐색]
  - "첫 번째로 할 수 있는 일은 무엇일까?" [행동 계획]

5. 질문 표현 다듬기

질문의 언어적 표현을 세심하게 다듬습니다.
- **명확성**: 모호하지 않고 이해하기 쉬운 단어 선택
- **중립성**: 특정 답변을 유도하지 않는 중립적 표현
- **개방성**: 다양한 답변 가능성을 열어두는 표현

- **간결성**: 불필요한 설명 없이 핵심만 담은 표현

  예: "왜 숙제를 안 했니?"[부정적 전제] → "숙제를 완성하는 데 어떤 어려움이 있었니?"[중립적]

6. 질문 환경 조성하기

질문이 최대 효과를 발휘할 수 있는 환경을 조성합니다.
- **심리적 안전감**: 비판 없이 자유롭게 답할 수 있는 분위기
- **경청 자세**: 진정한 관심과 집중을 보여주는 태도
- **적절한 타이밍**: 상대방이 준비되었을 때 질문하기
- **충분한 대기시간**: 답변을 깊이 생각할 시간 제공

7. 피드백과 조정하기

질문의 효과를 지속적으로 평가하고 조정합니다.
- 질문에 대한 반응 관찰하기
- 기대한 효과가 나타나지 않을 경우 질문 재구성하기
- 상황과 맥락에 맞게 후속 질문 준비하기
- 질문 레퍼토리를 지속적으로 확장하기

실제 적용 예시: DVP+GROW 질문 디자인
- **목적 정의**: 아이의 자기주도적 학습 능력 향상
- **대상자 이해**: 중학생, 구체적 사고 단계, 게임 선호

- **질문 유형 선택**: 성찰형+척도형 질문(DVP), 행동 촉진형 질문(GROW)
- **질문 시퀀스**:
    - DVP: 욕구(D) → 비전(V) → 계획(P) 순서로 인식 확장
    - GROW: 목표(G) → 현실(R) → 대안(O) → 의지(W) 순서로 행동 유도
- **표현 다듬기**: "계획이 부족하네." → "계획 점수는 몇 점 정도일까?"
- **환경 조성**: 비판 없는 대화, 아이의 선택 존중
- **피드백 및 조정**: 아이의 반응에 따라 추가 질문 제공

질문 디자인은 단순한 기술이 아닌 예술이자 과학입니다. 잘 설계된 질문은 지시나 조언보다 더 강력한 변화를 이끌어내며, 상대방의 내적 동기와 자기주도성을 키우는 가장 효과적인 도구입니다.

상황별 맞춤형 질문 디자인 방법

"아이가 화났을 때 던지는 질문은 감정을 인정하는 다리여야 하고, 슬플 때 던지는 질문은 공감의 손길이어야 한다."

― 존 고트만

모든 상황에서 동일한 질문을 던지는 것은 효과적이지 않습니다. 아이의 감정 상태, 경험, 학습 목표, 대화의 맥락에 따라 질문을 설계하는 것이 중요합니다. 상황별 맞춤형 질문을 활용하면, 아이는 더욱 자연스럽게 대화에 참여하고, 사고력과 감정 조절 능력을 키울 수 있습니다.

1. 아이가 스트레스를 받을 때

아이들이 스트레스를 받을 때는 강압적인 질문보다는 감정을 탐색하고, 스스로 해결책을 찾도록 돕는 질문이 필요합니다.
"오늘 어떤 일이 있었길래 그렇게 기분이 안 좋아 보이니?"

"그 일을 어떻게 해결하고 싶어?"

"네가 원하는 방식으로 도와줄 수 있을까?"

이런 질문은 아이가 자신의 감정을 인정하고, 해결책을 찾을 수 있도록 유도합니다.

2. 아이가 자신감을 잃었을 때

자신감을 잃은 아이에게는 실패의 원인을 분석하기보다, 긍정적인 측면을 강조하는 질문이 필요합니다.

"이번 경험에서 배운 점이 있다면 뭐야?"

"전에도 비슷한 경험이 있었는데, 그때는 어떻게 극복했었어?"

"이번에는 조금 다르게 도전해 보면 어떨까?"

이러한 질문을 통해 아이는 실패를 부정적으로 받아들이기보다 성장의 기회로 삼을 수 있습니다.

3. 아이가 문제해결을 해야 할 때

문제해결 능력을 키우려면, 정답을 제시하는 대신 아이 스스로 답을 찾도록 돕는 질문이 효과적입니다.

"이 문제를 해결하기 위해 어떤 방법이 있을까?"

"다른 사람이라면 이 상황을 어떻게 해결할까?"

"지금 할 수 있는 첫 번째 행동은 뭐가 있을까?"

질문을 통해 아이가 논리적으로 사고하고 창의적인 해결책을 찾을 수 있도록 돕습니다.

4. 아이와 깊이 있는 대화를 하고 싶을 때

부모가 아이와 깊은 대화를 원할 때는 단순한 정보 전달이 아니라, 감정을 탐색하는 질문을 던지는 것이 중요합니다.
"네가 지금 가장 소중하게 생각하는 것은 뭐야?"
"오늘 네가 가장 기뻤던 순간은 언제였어?"
"앞으로 가장 기대되는 일이 있다면 뭐야?"
이런 질문들은 아이가 자신을 탐색하고, 부모와 감정을 나누는 기회를 제공합니다.

질문은 단순한 대화 도구가 아니라, 아이의 사고를 확장하고 감정을 조절하는 중요한 수단입니다. 상황에 맞는 질문을 설계하면, 아이는 자신의 감정을 보다 정확하게 표현할 수 있으며, 논리적 사고와 문제해결 능력을 키울 수 있습니다. 부모는 아이의 상태를 고려한 맞춤형 질문을 통해, 아이가 자신의 가능성을 발견하고 성장할 수 있도록 돕는 중요한 역할을 해야 합니다.

성장하는 아이를 위한 연령별 질문법

"아이의 연령에 맞는 질문을 던지는 것은 그들의 인지적, 정서적 발달 단계를 존중하는 가장 현명한 교육법이다."

– 하워드 가드너

유아기: 감각과 호기심을 키우는 질문

유아기(3~5세)는 아이들이 세상을 탐색하고 감각적 경험을 통해 배움을 확장하는 시기입니다. 이 시기의 아이들은 끊임없이 "이게 뭐야?" "왜 그래?"라고 질문하며 주변 환경에 대한 호기심을 드러냅니다. 부모는 이러한 호기심을 자연스럽게 키울 수 있도록 적절한 질문을 던져야 합니다.

아이의 감각을 자극하는 질문과 탐구심을 확장하는 질문이 유아기의 사고력 발달에 중요한 역할을 합니다.

유아기 아이들에게 효과적인 질문 유형

<u>감각을 활용한 질문</u>

"이 과일은 어떤 맛이 나?"

"이 천은 손으로 만졌을 때 어떤 느낌이야?"

"이 노래를 들으면 어떤 기분이 들어?"

<u>탐색과 발견을 유도하는 질문</u>

"이 동물은 어디에서 살까?"

"비 오는 날에는 어떤 소리가 들려?"

"네가 좋아하는 색깔로 방을 꾸민다면 어떻게 꾸밀 거야?"

<u>창의적인 사고를 키우는 질문</u>

"만약 너에게 날개가 있다면 어디로 날아가고 싶어?"

"토끼와 코끼리가 친구라면, 어떤 놀이를 할까?"

"이 물건을 다른 용도로 사용한다면 어떤 방법이 있을까?"

실전 사례: 유아기 아이와의 대화법

<u>사례 1: 감각을 활용한 질문</u>

아이와 함께 시장에 갔을 때, 다양한 과일과 채소를 보며 질문할 수 있습니다.

부모 "이 사과는 어떤 색깔이야?"

아이 "빨간색이요!"

부모 "만약 사과가 파란색이라면 어떤 맛이 날까?"
아이 "음… 신기할 것 같아요!"

사례 2: 탐구심을 자극하는 질문
산책 중에 개미를 본다면,
부모 "개미들이 줄을 지어서 가는 이유가 뭘까?"
아이 "집으로 가는 길을 알고 있나 봐요."
부모 "그럼 개미가 길을 잃으면 어떻게 할까?"
아이 "다른 개미를 따라갈 것 같아요!"

부모가 실천할 수 있는 질문 습관

아이의 자연스러운 질문을 받아들이기
아이가 "왜?"라고 물으면 단순한 대답을 주기보다, "넌 어떻게 생각해?"라고 되물어보며 스스로 답을 찾게 합니다.

다양한 감각을 활용하도록 유도하기
"이 꽃을 손으로 만져보니 어때?"
"이 과일 냄새를 맡아보니 어떤 느낌이야?"

정답이 없는 열린 질문을 던지기
"만약 우리가 물속에서 살 수 있다면 어떤 일이 생길까?"
"오늘 하루 중에 가장 재미있었던 순간은 언제였어?"

지속적인 질문 습관이 유아기 아이에게 미치는 영향
- 다양한 감각을 활용하면서 세상을 탐구하는 능력이 발달합니다.
- 창의적인 사고를 키우고 상상력을 확장할 수 있습니다.
- 부모와의 대화를 통해 사고력과 언어 표현력이 자연스럽게 향상됩니다.

유아기 아이들은 매 순간 새로운 것을 배우며 성장합니다. 부모가 적극적으로 질문을 던지고 아이가 호기심을 확장할 수 있도록 돕는다면, 아이는 더욱 주도적으로 세상을 탐색하고 배움의 즐거움을 경험할 수 있을 것입니다.

초등 저학년: 창의적 사고를 유도하는 질문

초등 저학년(6~9세) 시기는 아이들의 창의적 사고력이 급격히 발달하는 시기입니다. 이 시기의 아이들은 상상력이 풍부하고, 놀이와 경험을 통해 새로운 아이디어를 만들어냅니다. 따라서 부모는 아이가 창의적 사고를 확장할 수 있도록 열린 질문을 던지고, 사고 과정을 존중하는 태도를 가져야 합니다.

초등 저학년 아이들에게 적합한 질문 유형

상상력을 자극하는 질문
"만약 동물이 말을 할 수 있다면 어떤 이야기를 할까?"

"네가 좋아하는 동화를 다른 결말로 바꾼다면 어떻게 끝날까?"
"미래에는 어떤 교실에서 공부하게 될까?"

문제해결력을 키우는 질문

"학교에서 친구들과 더 재미있게 놀려면 어떤 방법이 있을까?"
"네가 직접 게임을 만든다면 어떤 규칙을 만들고 싶어?"
"만약 네가 시장에서 물건을 판다면, 어떤 물건을 팔고 싶니?"

논리적 사고를 확장하는 질문

"이야기의 주인공이 다르게 행동했다면 결과는 어떻게 달라졌을까?"
"두 가지 선택 중 하나를 해야 한다면 어떤 기준으로 결정할까?"
"네가 대통령이라면 어떤 법을 만들고 싶어?"

실전 사례: 창의적 질문을 활용한 대화법

사례 1: 상상력을 활용한 질문

부모가 아이와 함께 동화책을 읽고 난 후:

부모 "이 동화 속 주인공이 네가 좋아하는 캐릭터였다면 어떻게 행동했을까?"

아이 "더 용감하게 행동했을 것 같아요."

부모 "그럼 그 이야기는 어떻게 바뀌었을까?"

아이 "마지막에 주인공이 친구를 더 많이 도왔을 것 같아요." **[창의적 사고 확장]**

사례 2: 문제해결력을 키우는 질문

아이와 함께 블록 놀이를 할 때

부모 "이 블록을 더 튼튼한 다리로 만들려면 어떻게 해야 할까?"
아이 "더 많은 블록을 밑에 깔아야 해요."
부모 "그렇게 하면 무너질 가능성이 줄어들까?"

부모가 실천할 수 있는 질문 습관

아이의 아이디어를 존중하며 질문하기

"네가 생각하는 최고의 놀이 방법은 뭐야?"
"새로운 발명품을 만들 수 있다면 무엇을 만들고 싶어?"

일상적인 상황을 활용하여 창의적 질문 던지기

"마트에서 본 물건들 중 가장 신기한 것은 뭐였어?"
"비 오는 날에도 밖에서 놀 수 있는 방법이 있을까?"

아이의 답변을 확장하는 후속 질문하기

"그렇게 생각한 이유는 뭐야?"
"그 아이디어를 좀 더 발전시킨다면 어떻게 될까?"

창의적 사고를 유도하는 질문이 아이에게 주는 긍정적인 효과
- 아이의 독창적인 사고 능력이 향상됩니다.
- 문제해결력과 논리적 사고가 함께 발달합니다.

- 스스로 생각하고 도전하는 태도를 기르게 됩니다.

창의적 사고는 어릴 때부터 길러질 수 있으며, 부모가 던지는 질문 하나가 아이의 사고방식을 형성하는 중요한 계기가 될 수 있습니다. 열린 질문을 꾸준히 던지고 아이의 답변을 존중하는 태도를 유지한다면, 아이는 세상을 더욱 흥미롭고 창의적으로 바라볼 수 있을 것입다.

초등 고학년: 논리적 사고와 자율성을 키우는 질문

초등 고학년(10~12세)은 논리적 사고가 본격적으로 발달하는 시기로, 다양한 문제에 대해 스스로 고민하고 해결 방법을 찾는 능력을 키울 수 있는 중요한 시기입니다. 이 연령대의 아이들은 점점 자율성이 강해지며, 자신의 의견을 표현하고 이를 논리적으로 뒷받침하는 능력을 배웁니다. 따라서 부모는 아이가 비판적 사고와 문제해결력을 기를 수 있도록 질문을 통해 사고의 틀을 넓혀 주어야 합니다.

초등 고학년 아이들에게 적합한 질문 유형

논리적 사고를 확장하는 질문
"네가 좋아하는 스포츠가 갑자기 사라진다면 어떤 일이 벌어질까?"
"학교에서 발표를 할 때 긴장하지 않으려면 어떻게 하면 좋을까?"
"교통체증을 해결할 수 있는 새로운 방법이 있을까?"

비판적 사고를 키우는 질문

"TV 광고를 보면 모든 제품이 좋아 보이는데, 광고를 어떻게 분석하면 좋을까?"

"인터넷에서 본 정보가 정확한지 확인하려면 어떻게 해야 할까?"

"친구와 다툼이 생겼을 때 공정하게 해결하는 방법은 뭐가 있을까?"

자율성과 책임감을 기르는 질문

"용돈을 스스로 관리하려면 어떤 계획이 필요할까?"

"숙제를 미리 끝내면 어떤 장점이 있을까?"

"네가 직접 새로운 규칙을 만든다면 어떤 규칙이 필요할까?"

실전 사례: 논리적 사고와 자율성을 키우는 대화법

사례 1: 논리적 사고를 확장하는 질문

아이와 함께 뉴스나 사회적 이슈에 대해 이야기할 때

부모 "지구 온난화를 막기 위해 우리는 무엇을 할 수 있을까?"

아이 "쓰레기를 줄이고 전기를 아껴 써야 해요."

부모 "그럼 구체적으로 어떻게 실천할 수 있을까?"

아이 "학교에서 종이컵 대신 개인 텀블러를 쓰는 것도 좋은 방법이에요." [논리적 사고 확장]

사례 2: 자율성을 키우는 질문

아이의 학교 생활과 관련해

부모 "학교에서 네가 직접 정할 수 있는 일은 뭐가 있을까?"
아이 "책상을 깨끗이 정리하는 건 내가 결정할 수 있어요."
부모 "좋아, 그럼 책상을 깨끗하게 유지하려면 어떤 계획이 필요할까?"

부모가 실천할 수 있는 질문 습관

아이의 생각을 존중하며 질문하기
"네 생각을 듣고 싶어. 어떻게 하면 더 좋은 방법이 있을까?"
"이 문제를 해결하기 위해 우리가 함께 할 수 있는 일은 뭐가 있을까?"

아이의 논리를 검증하도록 돕는 질문 던지기
"그렇게 생각한 이유는 뭐야?"
"다른 사람들은 이 문제를 어떻게 바라볼까?"

자율성을 높이는 질문 활용하기
"네가 직접 선택할 수 있는 것들은 뭐가 있을까?"
"책임감 있는 결정을 내리기 위해 어떤 점을 고려해야 할까?"

논리적 사고와 자율성을 키우는 질문이 아이에게 주는 긍정적인 효과
- 문제해결력을 키우고 비판적 사고를 발전시킬 수 있습니다.
- 자신의 의견을 논리적으로 정리하고 표현하는 능력이 향상됩니다.

- 독립적인 사고를 가지면서도 책임감 있는 선택을 할 수 있게 됩니다.

초등 고학년 시기는 논리적 사고와 자율성을 기를 수 있는 중요한 시기이며, 부모가 던지는 질문 하나하나가 아이의 사고력과 자기 주도성을 키우는 데 큰 영향을 미칩니다. 열린 질문을 꾸준히 던지고 아이의 답변을 존중하는 태도를 유지한다면, 아이는 논리적으로 사고하고 스스로 판단하는 능력을 갖추게 될 것입니다.

청소년기: 비판적 사고와 가치관 형성을 돕는 질문

청소년기(13세 이상)는 자신의 정체성을 찾고, 세상을 바라보는 관점을 형성하는 중요한 시기입니다. 이 시기의 아이들은 부모의 말을 단순히 받아들이기보다, 논리적으로 검토하고 자기만의 의견을 형성하려는 경향이 강합니다. 따라서 부모는 아이가 스스로 사고하고 가치관을 확립할 수 있도록 돕는 질문을 던져야 합니다. 비판적 사고를 키우는 질문은 청소년이 정보를 분석하고, 자신의 신념을 정리하며, 독립적인 사고를 형성하는 데 중요한 역할을 합니다.

청소년기 아이들에게 적합한 질문 유형

비판적 사고를 유도하는 질문
"인터넷에서 본 정보가 모두 사실이라고 믿어도 될까?"

"뉴스에서 다루는 내용이 객관적인지 어떻게 판단할 수 있을까?"
"광고가 사람들의 소비 습관에 어떤 영향을 미칠까?"

자신의 가치관을 형성하도록 돕는 질문
"네가 중요하게 생각하는 가치는 무엇이고, 왜 그렇게 생각해?"
"어떤 사람이 존경받을 만한 리더라고 생각해?"
"도덕적으로 옳은 선택과 현실적인 선택이 충돌할 때, 너는 어떤 선택을 할까?"

사회적 문제에 대해 사고하게 하는 질문
"환경 보호를 위해 우리가 할 수 있는 일은 무엇이 있을까?"
"학교에서의 규칙은 누구를 위해 존재할까?"
"법과 도덕은 항상 일치해야 할까?"

실전 사례: 비판적 사고와 가치관 형성을 돕는 대화법

사례 1: 미디어 비판적 사고 기르기
부모가 아이와 함께 뉴스를 보며
부모 "이 뉴스에서 말하는 내용이 사실인지 어떻게 확인할 수 있을까?"
아이 "다른 뉴스도 찾아보고 비교해 볼 수 있어요."
부모 "그렇다면 뉴스마다 입장이 다를 수도 있을까?"
아이 "네, 같은 사건도 다르게 보도될 수 있어요." [비판적 사고 확장]

사례 2: 가치관 형성을 돕는 질문

아이와 윤리적 문제를 토론할 때

부모 "만약 네 친구가 거짓말을 했는데 네가 그걸 알게 되었다면 어떻게 할 거야?"

아이 "상황에 따라 다를 것 같아요."

부모 "어떤 상황에서는 말해야 하고, 어떤 상황에서는 말하지 않아야 한다고 생각해?"

부모가 실천할 수 있는 질문 습관

아이의 의견을 존중하며 질문하기

"너는 이 문제를 어떻게 생각해?"
"네가 중요하게 여기는 가치는 무엇이야?"

객관적 분석을 돕는 질문 던지기

"이 기사가 신뢰할 만한지 확인하려면 어떤 방법을 사용할 수 있을까?"
"어떤 기준으로 이 의견이 맞다고 생각해?"

사회적 이슈에 대한 토론을 유도하기

"학교에서 학생들의 자유를 더 많이 보장해야 할까?"
"기술이 발달하면 모든 일이 편해질까?"

비판적 사고와 가치관 형성을 돕는 질문이 아이에게 주는 긍정적인 효과
- 독립적으로 사고하고 자신의 의견을 논리적으로 정리하는 능력이 향상됩니다.
- 다양한 관점을 고려하며 균형 잡힌 사고를 할 수 있습니다.
- 자신의 가치관을 스스로 확립하고 책임감 있는 결정을 내릴 수 있습니다.

청소년기는 사고의 폭이 넓어지고 사회적 관심이 커지는 시기이므로, 부모가 던지는 질문이 아이의 가치관 형성에 중요한 영향을 미칩니다. 열린 질문을 꾸준히 던지고 아이의 답변을 존중하는 태도를 유지한다면, 아이는 논리적으로 사고하고 스스로 판단하는 능력을 갖추게 될 것입니다.

에필로그

"그날, 단거리 달리기는 재능이 필요하지만 장거리 경기에서 가장 중요한 것은 꾸준한 노력임을 깨달았다. 그때의 기억은 이후 꾸준함과 성실의 힘을 믿고 전진하는 데에 큰 보탬이 되었다."

10여 년 전 딸과 함께 쓴 책의 에필로그에 딸이 남긴 글입니다. 이런 꾸준함과 성실의 힘은 항상 지지와 사랑을 보내주신 아빠 덕분이라고 딸은 지금도 가끔 이야기합니다.

아버지의 영향력은 이처럼 시간이 흘러도 줄어들지 않고, 오히려 더 깊어집니다. 우리가 심은 사랑의 씨앗은 자녀가 성장함에 따라 더 큰 나무로 자라나, 결국 그들의 인생을 지탱하는 뿌리가 됩니다.

이 책을 마무리하며, '아버지의 영향력'에 대한 세 가지 깨달음을 나누고 싶습니다.

첫째, 아버지의 존재는 아이의 자아 형성에 결정적인 역할을 합니다. 심리학자 칼 융은 "아버지는 외부 세계로 향하는 첫 번째 창문"이라고 말했습니다. 어머니가 안전과 보살핌의 상징이라면, 아버지는 모험과 도전의 상징입니다. 우리가 자녀에게 보여주는 용기와 결단력, 그리고 실패 앞에서의 태도는 그들이 세상을 마주하는 방식을 형성합니다.

둘째, 아버지의 언어는 자녀의 내면에 깊이 각인됩니다. 우리가 제3부에서 다룬 '질문 디자인'은 단순한 대화 기술이 아닙니다. 그것은 자녀에게 생각하는 방법, 문제를 해결하는 방법, 나아가 세상을 바라보는 관점을 가르치는 것입니다. 부모의 작은 질문 하나가 아이의 사고력과 자기주도성을 키우는 마중물이 됩니다.

셋째, 가장 중요한 것은 아버지의 '현존(presence)'입니다. 신체적으로 함께 있는 것을 넘어, 정신적, 정서적으로 함께하는 것. 스마트폰을 보면서 "응, 그래."라고 대답하는 것이 아니라, 모든 것을 내려놓고 자녀의 눈을 바라보며 진심으로 경청하는 것. 그것이 진정한 '함께함'입니다.

아버지의 작은 관심과 공감이 자녀에게는 세상을 살아갈 용기와 자신감이 됩니다. "아빠가 나를 믿어주니까, 나도 나를 믿을 수 있어요."라는 아이의 말처럼, 우리의 진심 어린 지지는 자녀에게 평생의 자산이 됩니다.

이 책에서 소개한 방법들이 여러분의 아버지 여정에 작은 도움이 되었기를 바랍니다. 하지만 기억해주세요. 좋은 아버지가 되기 위해 특별한 재능이나 지식이 필요한 것이 아닙니다. 필요한 것은 단지 진실된 마음과 꾸준한 노력입니다.

자녀와 함께하는 시간, 그들의 눈을 바라보는 순간, 작은 손을 잡아주는 따뜻함이 여러분이 줄 수 있는 가장 큰 선물입니다. 아이의 속도에 맞춰 기다릴 줄 아는 아버지가 되세요. 그 기다림이 자녀에게는 가장 큰 사랑으로 다가갈 것입니다.

모든 아버지들의 '빅파더' 여정에 행운이 함께하기를 진심으로 기원합니다. 여러분이 심은 사랑의 씨앗은 반드시 아름다운 열매를 맺을 것입니다. 그리고 그 열매는 다시 새로운 씨앗이 되어 다음 세대에게 이어집니다. 이것이 바로 아버지의 영향력, '빅파더'의 진정한 의미입니다.